Héloïse Martel

Riz et risottos

FIRST
Editions

ISBN 2-75400-225-1
Dépôt légal : 3e trimestre 2006
Imprimé en Italie
Conception couverture : Bleu T
Mise en page : Pascale Desmazières

Nous nous efforçons de publier des ouvrages qui correspondent à vos attentes et votre satisfaction est pour nous une priorité. Alors, n'hésitez pas à nous faire part de vos commentaires :

Éditions Générales First
27, rue Cassette
75006 Paris – France
Tél. : 01 45 49 60 00
Fax : 01 45 49 60 01
e-mail : firstinfo@efirst.com

Introduction

Le riz est la céréale internationale par excellence. On le cultive sur tous les continents et on le retrouve dans toutes les cuisines ! Plat unique, accompagnement, dessert, mais aussi alcool (saké), galette et vin doux (mirin) en Asie où il est cultivé depuis plus de deux mille ans, le riz est universel. À tel titre que 2004 fut l'année internationale du riz.

Il existe dans le monde des milliers de variétés de riz. En Europe, notre choix se limite à plusieurs sortes de riz, à choisir selon le plat que vous souhaitez préparer.

Riz court ou riz long

Plus le riz est court, plus ses grains ont tendance à coller en cuisant. Ainsi les riz aux longs grains comme le riz américain, le riz basmati ou le riz thaï cuisent sans se coller.

Ils sont très utilisés pour les salades et en accompagnement. Les riz courts, larges et presque ronds comme l'arborio conviennent pour les risottos et les desserts.

Riz blanc ou brun

Le riz blanc est raffiné, c'est-à-dire qu'il est débarrassé du son et de la balle protectrice qui l'entourent.

Le riz brun est complet, il garde ses couches de son, a une saveur de noisette et garde davantage ses vitamines et ses fibres que le riz blanc.

Riz étuvé, riz classique ou riz sauvage

Le riz étuvé est soumis à différents traitements avant d'être poli : air pressurisé et jet de vapeur permettent de gélatiniser l'amidon du riz qui ainsi cuira plus rapidement et ne collera pas à la cuisson. Il est le favori des cuisiniers néophytes.

Le riz sauvage est un riz de couleur noire et très allongé.

Vous trouverez dans le commerce sous l'appellation « riz sauvage » un mélange de riz blanc, de riz rouge et de riz noir.

Riz basmati ou riz thaï

Le riz basmati est originaire d'Inde. Parfumé, il se cuisine très bien avec des épices. Le riz thaï provient d'Asie et convient aux préparations chinoises, vietnamiennes et thaïlandaises.

Les modes de cuisson du riz

Le riz classique doit être rincé à l'eau claire avant la cuisson, alors que le riz étuvé s'en passe.

Le conditionnement sous forme de sachet est pratique car il donne un dosage instantané. Un sachet convient pour 2 personnes, à multiplier par un nombre pair de convives. Si vous êtes 1, 3 ou 5 personnes, il est plus économique de doser le riz avec une balance ou un verre doseur ; comptez 60 g de riz cru par personne en accompagnement et 80 à

100 g en plat unique selon les ingrédients que vous y ajoutez.

Ces deux modes de cuisson sont les plus courants :

• **Le riz créole,** qui est cuit dans un grand volume de liquide (eau, bouillon, lait) ; on compte 2 volumes et demi d'eau pour 1 volume de riz, soit pour 60 g de riz (portion pour 1 personne), 20 cl de liquide. On verse le riz dans le liquide bouillant, on couvre et on laisse cuire à feu doux pendant 20 minutes.

• **Le riz pilaf** qui est revenu dans de l'huile ou du beurre, le plus souvent avec des oignons hachés avant d'être mouillé avec de l'eau ou du bouillon. Il cuit en 20 minutes également.

Mais le temps de cuisson varie aussi selon le type de riz et le traitement qu'il a reçu. C'est pourquoi nous vous recommandons de lire les instructions portées sur les emballages et d'adapter les recettes en conséquence.

La conservation du riz

À l'achat, conservez le riz de préférence dans son emballage d'origine, à l'abri de la lumière et de l'humidité.

Après cuisson, vous pouvez le garder 24 heures au réfrigérateur. Pas plus longtemps. En revanche, vous pouvez congeler le riz cuit et préparé, comme un risotto ou une paella, en le versant dans une barquette ou un sachet congélation.

Familial lorsqu'il farcit des tomates ou des poivrons, le riz devient l'allié de la grande gastronomie lorsqu'il se marie à des mets de choix comme les cèpes ou les coquilles Saint-Jacques, mais il est aussi l'élément de base d'un des desserts de notre enfance, le gâteau de riz, grand classique remis à la mode, allié à des fruits ou à des épices.

Découvrez dans ce petit livre plus de 120 recettes de riz : salades fraîches, risottos moelleux, plats complets équilibrés, accompagnements raffinés, et douceurs exquises.

Elles sont printanières comme ce risotto aux pointes d'asperges vertes, raffinées comme ce risotto aux langoustines, exotiques comme ce risotto au curry, aux raisins et aux amandes, corsées comme ce riz complet au porc et au piment, légères comme cette salade de riz à la marocaine, classiques comme ces aubergines farcies au risotto de parmesan, spectaculaires comme ce riz au poulet et à l'ananas, ou encore très douces comme ce trifle de riz aux griottes caramélisées.

LES ENTRÉES ET LES SALADES DE RIZ

•

POIVRONS FARCIS AU RIZ ET AU FROMAGE FRAIS

4 pers. Prép. : 15 min Cuisson : 15 min Réfrig. : 1 h

4 poivrons rouges • 100 g de riz long • 200 g de fromage frais (type Petit Billy) • 1 oignon • 1 botte de ciboulette • 1 cuil. à soupe de moutarde forte • 2 cuil. à soupe de raisins secs • 1 cuil. à soupe de paprika en poudre • 2 pincées de cumin • sel, poivre

Réalisation

Faites cuire le riz à l'eau bouillante salée, rafraîchissez-le, égouttez-le et laissez-le refroidir. Lavez les poivrons, essuyez-les et découpez leur pédoncule. Coupez-leur un chapeau puis évidez-les. Épluchez et hachez l'oignon, ciselez la ciboulette. Mélangez le fromage frais, le riz cuit, l'oignon, la ciboulette, la moutarde, le paprika, le cumin et les raisins secs. Salez,

poivrez. Farcissez les poivrons avec la préparation, replacez le chapeau et placez au réfrigérateur pendant 1 heure avant de servir.

SALADE DE BŒUF AU RIZ ET AUX POIVRONS

4 pers. Prép. : 20 min Attente : 30 min Cuisson : 45 min

600 g de bœuf cuit • 200 g de riz long • 1 poivron rouge • 1 poivron vert • 1 oignon • 2 citrons • 4 cuil. à soupe d'olives noires • 4 cuil. à soupe d'huile d'olive • 2 pincées de piment de Cayenne • sel, poivre

Réalisation

Faites cuire le riz à l'eau bouillante salée. Égouttez-le et laissez-le refroidir. Faites griller les poivrons au four en les retournant souvent. Lorsque la peau a noirci, enfermez-les dans un sac en plastique pendant 30 minutes, puis pelez-les, épépinez-les et coupez-les en lanières. Épluchez et émincez l'oignon. Coupez le bœuf en cubes. Mélangez dans un saladier le riz froid, le bœuf, les lanières de poivron,

les oignons et les olives. Pressez les citrons, versez le jus dans un bol, ajoutez du sel, du poivre, le piment de Cayenne et l'huile en battant à la fourchette. Versez sur la salade. Servez frais.

SALADE DE RIZ À LA MAROCAINE

4 pers. Préparation : 15 min Cuisson : 15 min

250 g de riz long • 3 oignons nouveaux • 1 petite boîte de maïs • 100 g de raisins secs • 1 citron • 1 yaourt velouté nature • 4 cuil. à soupe de crème liquide • 1 cuil. à soupe d'huile d'olive • 1 cuil. à café de cumin en poudre • 1 cuil. à café de cannelle en poudre • 2 cuil. à soupe d'amandes effilées • 10 brins de coriandre • sel, poivre

Réalisation

Faites cuire le riz dans de l'eau bouillante salée, rafraîchissez-le, égouttez-le. Épluchez les oignons, émincez-les. Égouttez le maïs. Versez le riz, le maïs, les raisins et les oignons dans un saladier. Pressez le citron, mélangez le jus avec le yaourt, la crème, l'huile, le cumin, la

coriandre, la cannelle, du sel et du poivre. Versez sur la salade et mélangez. Parsemez d'amandes effilées. Servez frais.

SALADE DE RIZ À L'ANANAS ET AUX RAISINS

4 pers. Préparation : 10 min Cuisson : 15 min

250 g de riz long • 1 poivron rouge • 1 petite boîte d'ananas en morceaux • 1 petite boîte de maïs • 60 g de raisins secs • 1 cuil. à café de moutarde forte • 2 cuil. à soupe de vinaigre de vin blanc • 6 cuil. à soupe d'huile de tournesol • sel, poivre

Réalisation

Faites cuire le riz à l'eau bouillante salée. Rafraîchissez-le puis égouttez-le. Égouttez l'ananas et le maïs. Lavez et essuyez le poivron, épépinez-le, enlevez les parties blanches et coupez la chair en dés. Versez le riz dans un saladier, ajoutez le poivron, le maïs, l'ananas et les raisins. Mélangez la moutarde, le vinaigre et l'huile avec du sel et du poivre, versez sur la salade, mélangez et servez frais.

SALADE DE RIZ À L'ORIENTALE

4 pers. Préparation : 15 min Cuisson : 15 min

400 g de riz long • 1 poivron rouge • 1/2 concombre • 50 g de raisins secs • 2 cuil. à soupe d'amandes effilées • 1 orange non traitée • 2 avocats • 1 citron • 6 cuil. à soupe d'huile d'olive • 1 cuil. à soupe de miel • 1 bouquet de coriandre • sel, poivre

Réalisation

Faites cuire le riz à l'eau bouillante salée, égouttez-le et laissez-le refroidir. Mettez les raisins dans un bol, recouvrez-les d'eau chaude et laissez-les gonfler 10 minutes. Lavez le poivron, épépinez-le et coupez la chair en petits dés. Pelez le concombre, coupez la chair en dés de même taille. Prélevez le zeste de l'orange avec un couteau économe, hachez-le. Détaillez le fruit en quartiers, puis coupez chaque quartier en deux. Ouvrez les avocats, ôtez le noyau et coupez la chair en dés également. Mettez tous ces ingrédients dans un saladier avec le riz.

Préparez la sauce : pressez le citron, mélan-

gez le jus avec du sel, du poivre, le miel et l'huile. Versez sur la salade, mélangez bien. Égouttez les raisins, faites griller les amandes à sec dans une poêle à revêtement antiadhésif. Ciselez les feuilles de coriandre. Parsemez la salade de raisins, d'amandes et de coriandre. Servez sans attendre.

SALADE DE RIZ AU CRABE

4 pers. Préparation : 15 min Cuisson : 20 min

250 g de riz long • 150 g de chair de crabe cuite • 1 poivron rouge • 1 branche de céleri • 2 œufs • 2 cuil. à soupe d'olives noires dénoyautées • 1 cuil. à café de moutarde forte • 2 cuil. à soupe de vinaigre • 4 cuil. à soupe d'huile d'olive • sel, poivre

Réalisation

Faites cuire le riz à l'eau bouillante salée, rincez-le, égouttez-le. Faites durcir les œufs, rafraîchissez-les, écalez-les. Détaillez le céleri en petits tronçons. Lavez, essuyez, épépinez le poivron, coupez-le en lanières. Préparez une vinaigrette en mélangeant la moutarde avec le

vinaigre, du sel, du poivre et l'huile d'olive. Mettez le riz dans un saladier, arrosez-le de sauce, mélangez bien et disposez dessus les lanières de poivron, les tronçons de céleri, les olives et le crabe. Hachez les œufs au couteau, parsemez-en la salade, servez frais.

SALADE DE RIZ AU FENOUIL ET AUX HERBES

4 pers. Préparation : 10 min Cuisson : 15 min

200 g de riz long • 1 bulbe de fenouil • 1 bouquet de ciboulette • 4 branches de menthe • 4 branches de basilic • 4 branches d'estragon • 2 branches de coriandre • 2 branches d'aneth • 2 cuil. à soupe de vinaigre de xérès • 5 cuil. à soupe d'huile d'olive • sel, poivre

Réalisation

Faites cuire le riz dans de l'eau bouillante salée le temps indiqué sur le paquet. Rafraîchissez-le, égouttez-le et mettez-le dans un saladier. Lavez, essuyez le bulbe de fenouil, émincez-le à la mandoline. Mettez-le dans le saladier.

Préparez la vinaigrette en battant à la fourchette le vinaigre avec un peu de sel et de poivre et l'huile. Versez sur la salade, mélangez bien. Ciselez toutes les herbes, parsemez-les sur la salade, mélangez à nouveau. Servez bien frais.

SALADE DE RIZ AU POULET ET AUX RAISINS

4 pers. Préparation : 15 min Cuisson : 10 min

250 g de riz • 4 blancs de poulet cuits • 2 oranges • 50 g de raisins de Corinthe • 1 citron • 5 cuil. à soupe d'huile d'olive • sel, poivre

Réalisation

Faites cuire le riz dans de l'eau bouillante salée. Égouttez-le, rafraîchissez-le et laissez-le refroidir. Coupez le poulet en dés. Pressez les oranges et le citron, versez le jus dans un bol, ajoutez du sel, du poivre et l'huile. Mettez le riz dans un saladier, disposez dessus les raisins, les dés de poulet et arrosez de sauce.

SALADE DE RIZ AU THON

4 pers. Préparation : 25 min Cuisson : 20 min

250 g de riz long • 4 tomates • 1 petite boîte de maïs • 4 œufs • 200 g de thon au naturel • 2 gousses d'ail • 1 cuil. à café de moutarde forte •2 cuil. à soupe de fromage blanc • 4 cuil. à soupe d'huile d'olive • 6 branches de persil plat • sel, poivre

Réalisation

Faites cuire le riz à l'eau bouillante salée puis rafraîchissez-le et égouttez-le. Faites durcir les œufs, passez-les sous l'eau froide et écalez-les. Mettez dans un saladier le riz froid. Égouttez le maïs et le thon, versez-les dans le saladier. Pelez et épépinez les tomates, coupez-les en dés, mettez-les dans le saladier. Mélangez tous les ingrédients. Coupez les œufs en rondelles, déposez-les sur la salade. Épluchez les gousses d'ail, écrasez-les au-dessus d'un bol. Mélangez dans le bol le fromage blanc avec l'ail écrasé, la moutarde, du sel, du poivre et l'huile. Nappez la salade de sauce et parsemez de feuilles de persil ciselées. Servez frais.

SALADE DE RIZ AU THON ET À LA MAYONNAISE

4 pers. Préparation : 15 min Cuisson : 25 min

250 g de riz long • 4 œufs + 1 jaune • 200 g de thon au naturel • 6 cornichons • 2 cuil. à soupe d'olives vertes • 1 cuil. à café de moutarde forte • 1/2 citron • 6 cuil. à soupe d'huile d'olive • sel, poivre

Réalisation

Faites cuire le riz à l'eau bouillante salée, rafraîchissez-le, égouttez-le. Faites durcir les œufs, écalez-les après les avoir passés sous l'eau froide. Coupez les cornichons et les olives en rondelles.

Préparez la mayonnaise : mélangez le jaune d'œuf avec la moutarde, du sel, du poivre et versez l'huile en filet en fouettant. Pressez le demi-citron, ajoutez le jus obtenu à la mayonnaise. Versez le riz dans un saladier, ajoutez la mayonnaise, mélangez bien. Émiettez le thon, ajoutez-le ainsi que les cornichons et les olives. Coupez les œufs durs en quatre, disposez-les sur la salade. Servez frais.

SALADE DE RIZ AUX CREVETTES SAUCE COCKTAIL

4 pers. Préparation : 15 min Cuisson : 15 min

400 g de riz long • 400 g de crevettes roses cuites • 1 jaune d'œuf • 1 cuil. à café de moutarde • 10 cl d'huile • 3 cuil. à café de ketchup • 1 cuil. à café de cognac • 5 gouttes de Tabasco • 10 cl de crème • sel, poivre

Réalisation

Faites cuire le riz dans de l'eau bouillante salée le temps indiqué sur le paquet. Égouttez-le et laissez-le refroidir. Décortiquez les crevettes. Préparez une mayonnaise : battez le jaune d'œuf avec la moutarde, du sel, du poivre et versez l'huile en filet sans cesser de battre. Incorporez le ketchup, le cognac, le Tabasco et la crème. Versez le riz dans un saladier, ajoutez la sauce, mélangez et garnissez de crevettes. Servez frais.

SALADE DE RIZ AUX POMMES ET AUX CREVETTES

4 pers. Préparation : 15 min Cuisson : 15 min

400 g de riz long • 1 pomme Granny • 200 g de petites crevettes au naturel • 12 olives noires dénoyautées • 12 cerneaux de noix • 1 jaune d'œuf • 1 citron • 1 cuil. à café de moutarde forte • 6 cuil. à soupe d'huile • sel, poivre

Réalisation

Faites cuire le riz à l'eau bouillante salée. Égouttez-le et laissez-le refroidir. Pressez le citron, versez le jus dans un bol. Épluchez la pomme, coupez la chair en dés, citronnez-les. Mettez dans un saladier le riz cuit et les dés de pomme.

Préparez une mayonnaise : mélangez au batteur la moutarde avec du sel, du poivre, le jaune d'œuf et versez l'huile en filet. Versez sur le riz et les pommes, mélangez bien. Coupez les olives en rondelles, concassez grossièrement les cerneaux de noix. Disposez harmonieusement sur la salade les rondelles d'olive, les noix et les crevettes.

SALADE DE RIZ AUX RAISINS SECS ET AUX PIGNONS

4 pers. Préparation : 20 min Cuisson : 1 h

250 g de riz long • 2 cuil. à soupe d'olives noires dénoyautées • 1 poivron rouge • 2 cuil. à soupe de petits pois surgelés • 1 branche de céleri • 3 cuil. à soupe de raisins secs • 3 cuil. à soupe de pignons • 3 cuil. à soupe de jus de citron • 6 cuil. à soupe d'huile d'olive • 2 pincées de piment de Cayenne • sel, poivre

Réalisation

Faites cuire le riz à l'eau bouillante salée, égouttez-le et laissez-le refroidir. Faites griller le poivron dans le four en le retournant pour que sa peau noircisse, puis enfermez-le dans un sac en plastique pendant 30 minutes. Pelez-le, détaillez-le en lanières. Faites cuire les petits pois à l'eau bouillante salée pendant 5 minutes, égouttez-les. Coupez le céleri en petits tronçons. Coupez les olives en dés. Battez à la fourchette dans un bol le jus de citron avec l'huile, du sel, du poivre et le piment. Mettez le riz dans un saladier, ajoutez le céleri, le

poivron, les petits pois et les raisins. Arrosez de sauce, mélangez bien. Faites griller les pignons à sec dans une poêle à revêtement antiadhésif, parsemez-les sur la salade ainsi que les olives. Servez immédiatement.

Notre conseil : servez cette salade avec de la viande froide ou du poulet froid.

SALADE DE RIZ ET DE JAMBON À L'AMÉRICAINE

4 pers. Préparation : 20 min Cuisson : 20 min

350 g de riz sauvage • 1 poivron rouge • 4 tranches d'ananas au sirop • 400 g de talon de jambon fumé • 1 cuil. à soupe de jus de citron • 2 cuil. à soupe d'huile d'olive • 4 cuil. à soupe de crème • 1 cuil. à café de curry en poudre • sel, poivre

Réalisation

Faites cuire le riz pendant 20 minutes dans de l'eau bouillante salée. Égouttez-le et laissez-le refroidir. Lavez et essuyez le poivron, épépinez-le et coupez-le en dés. Détaillez le

jambon en dés de même taille. Coupez les tranches d'ananas en petits morceaux. Mélangez dans un bol le jus de citron, l'huile, la crème, le curry, du sel et du poivre. Versez le riz dans un saladier, ajoutez le poivron, le jambon et l'ananas et arrosez de sauce.

Variante : remplacez le jambon fumé par du poulet fumé.

SALADE EXPRESS

4 pers. Préparation : 15 min

200 g de riz cuit • 200 g de comté • 200 g de talon de jambon • 100 g de champignons de Paris • 1 sachet de mâche • 3 oignons • 1 cuil. à café de moutarde • 2 cuil. à soupe de vinaigre • 4 cuil. à soupe d'huile d'olive • 1 cuil. à soupe de câpres • sel, poivre

Réalisation

Coupez le comté et le jambon en dés. Lavez et essuyez les champignons, émincez-les. Pelez et émincez les oignons. Lavez et essorez la

mâche. Mettez tous ces ingrédients dans un saladier avec le riz, mélangez. Préparez une vinaigrette en diluant la moutarde avec le vinaigre, ajoutez un peu de sel et de poivre et versez l'huile en fouettant. Versez sur la salade, mélangez et parsemez de câpres. Servez frais.

Notre conseil : cette salade permet d'utiliser un reste de riz froid.

SALADE DE RIZ TERRE MER

4 pers. Préparation : 20 min Cuisson : 15 min

200 g de riz long • 100 g de crevettes • 100 g de crabe au naturel • 1 talon de jambon • 3 tomates • 1 poivron vert • 1 poivron rouge • 3 carottes • 10 radis • 4 cuil. à soupe de sauce de soja • 4 cuil. à soupe d'huile d'arachide

Réalisation

Faites cuire le riz dans de l'eau bouillante salée, rafraîchissez-le et égouttez-le. Coupez le jambon en dés, décortiquez les crevettes. Lavez, essuyez et épépinez les poivrons et les

tomates, coupez-les en dés. Épluchez les radis, lavez-les et coupez-les en rondelles. Épluchez et râpez les carottes. Mettez tous ces ingrédients ainsi que le crabe dans un saladier, mélangez. Battez la sauce de soja avec l'huile dans un bol, versez sur la salade, mélangez et servez frais.

SALADE NIÇOISE

4 pers. Préparation : 15 min Cuisson : 10 min

180 g de riz long • 4 tomates grappe • 1 poivron vert • 4 œufs • 200 g de thon au naturel • 8 filets d'anchois à l'huile • 100 g d'olives noires de Nice • 2 cuil. à soupe de vinaigre de vin • 5 cuil. à soupe d'huile d'olive • sel, poivre

Réalisation

Faites cuire le riz dans de l'eau bouillante salée. Égouttez-le et laissez-le refroidir. Faites durcir les œufs, rafraîchissez-les, écalez-les. Préparez la vinaigrette en mélangeant le vinaigre avec du sel, du poivre et l'huile. Mettez le riz cuit dans un saladier. Versez la

sauce sur le riz, mélangez bien. Lavez les tomates, coupez-les en fines rondelles, disposez-les sur le riz. Épépinez le poivron, coupez-le en fines lanières, mettez-les sur les tomates. Mettez le thon au centre du saladier, placez les filets d'anchois en rosace, entourez d'œufs durs coupés en quatre. Décorez avec les olives. Servez bien frais.

Variante : ajoutez des haricots verts et un demi-concombre émincé.

TOMATES FARCIES AU RIZ ET AU THON

4 pers. Prép. : 10 min Cuisson : 10 min Réfrig. : 1 h

4 tomates grappe • 60 g de riz • 250 g de thon au naturel en boîte • 4 œufs • 12 olives noires dénoyautées • 4 cuil. à soupe de mayonnaise • sel

Réalisation

Faites cuire le riz à l'eau bouillante salée, rafraîchissez-le, égouttez-le et laissez-le refroidir.

Faites durcir les œufs, rafraîchissez-les et écalez-les. Hachez grossièrement huit olives. Lavez les tomates. Coupez-leur un chapeau aux deux tiers de leur hauteur. Évidez-les, glissez une pincée de sel à l'intérieur et retournez-les pour les faire dégorger. Émiettez le thon dans un saladier. Ajoutez les œufs écrasés, le riz, les olives et la mayonnaise. Mélangez bien. Répartissez la préparation dans chaque tomate, recouvrez-les de leur chapeau. Conservez au frais 1 heure avant de servir.

TOMATES FARCIES AUX HERBES

4 pers. Préparation : 15 min Cuisson : 15 min

4 tomates • 150 g de riz long • 1 gros bouquet d'herbes mélangées (ciboulette, basilic, persil plat) • 2 fromages demi-sel • 1 cuil. à soupe d'huile d'olive • 2 pincées d'origan • sel, poivre

Réalisation

Découpez un chapeau à chaque tomate, ôtez la chair avec une petite cuillère sans les

percer, salez l'intérieur et retournez-les sur un plat pour qu'elles rendent leur eau. Faites cuire le riz dans de l'eau bouillante salée. Rafraîchissez-le et égouttez-le à fond. Laissez-le refroidir. Mixez les fromages demi-sel, la pulpe de tomate, l'huile, les herbes ciselées, un peu de sel, du poivre et l'origan. Ajoutez le riz et mélangez bien. Disposez les tomates sur le plat de service, farcissez-les avec la préparation et mettez au réfrigérateur au moins 30 minutes avant de servir.

VERRINES DE RIZ AU SURIMI

4 pers. Préparation : 15 min Cuisson : 15 min

250 g de riz basmati • 2 avocats • 2 tomates • 8 bâtons de surimi • 1 jaune d'œuf • 1 cuil. à café de moutarde • 6 cuil. à soupe d'huile • 1/2 citron • 12 brins de ciboulette • sel, poivre

Réalisation

Faites cuire le riz à l'eau bouillante salée, égouttez-le, laissez-le refroidir. Ouvrez les

avocats, retirez le noyau et coupez la chair en dés. Pelez et épépinez les tomates, coupez la chair en dés de même taille. Coupez le surimi en rondelles. Fouettez le jaune d'œuf et la moutarde avec du sel, du poivre et l'huile versée en filet. Pressez le demi-citron, versez le jus dans la mayonnaise. Versez le riz dans un saladier, ajoutez la mayonnaise, vérifiez l'assaisonnement, salez et poivrez si nécessaire, mélangez bien. Mettez en couches superposées dans quatre verres à whisky du riz, des dés de tomate, des dés d'avocat et des rondelles de surimi. Décorez de ciboulette ciselée. Servez bien frais.

Variante : ajoutez du curry à la mayonnaise.

LES PLATS COMPLETS

•

AUBERGINES FARCIES AU RISOTTO AU PARMESAN

4 pers. Préparation : 20 min Cuisson : 1 h 10 min

2 belles aubergines • 1 oignon • 1 gousse d'ail • 150 g de riz rond • 5 cl de vin blanc sec • 50 cl de bouillon de volaille • 4 cuil. à soupe de coulis de tomates • 100 g de parmesan râpé • 6 cuil. à soupe d'huile d'olive • sel, poivre

Réalisation

Lavez et essuyez les aubergines, coupez-les en deux dans le sens de la longueur, puis évidez-les avec une cuillère ou un couteau à pamplemousse. Coupez la chair retirée en petits dés. Épluchez l'oignon, hachez-le et faites-le revenir dans une sauteuse avec 3 cuillerées à soupe d'huile. Ajoutez les dés d'aubergine, mélangez et laissez cuire encore 5 minutes. Versez le riz et faites cuire à feu très doux en remuant constamment jusqu'à ce que les grains

soient translucides. Arrosez de vin blanc sans cesser de mélanger, puis dès que le vin est absorbé, versez une louche de bouillon en continuant à remuer. Versez une nouvelle louche de bouillon quand la précédente a été absorbée. Quand tout le bouillon est absorbé, retirez la sauteuse du feu, salez, poivrez, ajoutez le coulis de tomates et la moitié du parmesan. Mélangez.

Préchauffez le four à 180 °C (th. 6). Déposez les moitiés d'aubergine évidées dans un plat à gratin. Farcissez-les avec cette préparation, saupoudrez du reste de parmesan, arrosez d'un peu d'huile d'olive et faites cuire pendant 40 minutes. Passez sous le gril pendant 5 minutes pour faire gratiner. Servez très chaud.

CONFIT DE CANARD AU RIZ SAUVAGE

4 pers. Préparation : 15 min Cuisson : 50 min

4 cuisses de canard confites • 250 g de riz sauvage • 50 cl de bouillon de volaille • 200 g de champignons de Paris • sel, poivre

Réalisation

Lavez, essuyez et émincez les champignons. Faites réchauffer très doucement les cuisses de canard dans leur graisse pendant 20 minutes. Quand la graisse est fondue, prélevez-en 2 cuillerées à soupe, mettez-les dans une poêle et ajoutez les champignons émincés. Faites cuire doucement pendant 10 minutes. Prélevez encore 2 cuillerées à soupe de graisse, mettez-les dans une sauteuse, versez le riz, faites-le cuire pendant 3 minutes puis ajoutez peu à peu le bouillon. Prolongez la cuisson pendant environ 20 minutes. Versez le riz sur le plat de service, déposez dessus les cuisses de canard et les champignons, servez très chaud.

Variante : remplacez les champignons de Paris par des pleurotes, des girolles ou des cèpes.

GRATIN DE GAMBAS AU RIZ

4 pers. Préparation : 10 min Cuisson : 40 min

24 gambas • 200 g de riz long • 50 cl de crème fraîche • 2 cuil. à soupe de concentré de tomates • 1 pointe de couteau de piment de Cayenne • 50 g de beurre • 2 cuil. à soupe de farine • 30 cl de lait • 75 g de gruyère râpé • sel, poivre

Réalisation

Faites cuire les gambas à l'eau bouillante salée pendant 5 à 10 minutes selon leur grosseur. Rafraîchissez-les et décortiquez-les. Faites cuire le riz à l'eau bouillante salée et égouttez-le. Préparez une béchamel : faites fondre le beurre dans une casserole, saupoudrez de farine et laissez cuire 3 minutes en mélangeant. Délayez peu à peu avec le lait préalablement chauffé, salez, poivrez et prolongez la cuisson jusqu'à épaississement. Ajoutez la crème, le concentré de tomates, le piment de Cayenne, les

gambas et le riz. Préchauffez le four à 210 °C (th. 7). Beurrez un plat à gratin. Versez la préparation dans le plat, saupoudrez de gruyère râpé, faites cuire 20 minutes et passez sous le gril 5 minutes pour faire gratiner. Servez bien chaud.

JIMBALAYA CRÉOLE

4 pers. Préparation : 20 min Cuisson : 1 h 15 min

4 saucisses fumées • 8 rondelles de chorizo • 1 talon de jambon fumé • 4 oignons • 1 poivron vert • 2 branches de céleri • 4 gousses d'ail • 1 boîte de tomates pelées au naturel • 250 g de riz rond • 75 cl de bouillon de volaille • quelques gouttes de Tabasco • 1 bouquet garni • 4 cuil. à soupe d'huile d'olive • sel, poivre

Réalisation

Épluchez et hachez l'ail et les oignons. Épépinez le poivron et hachez-le. Écrasez les tomates à la fourchette. Hachez le céleri. Faites pocher les saucisses fumées dans de l'eau bouillante pendant 30 minutes. Coupez le

jambon en dés. Faites chauffer l'huile dans une sauteuse, faites revenir doucement le hachis d'ail, d'oignon, de poivron, de céleri et les tomates, ajoutez le bouquet garni puis versez le riz. Laissez cuire jusqu'à ce que les grains deviennent translucides, puis arrosez de bouillon louche après louche au fur et à mesure que le liquide est absorbé par le riz. Coupez les saucisses en rondelles. Au bout de 15 minutes de cuisson, retirez le bouquet garni, ajoutez le chorizo, les rondelles de saucisse fumée et les dés de jambon. Prolongez la cuisson pendant 5 minutes en mélangeant. Ajoutez le Tabasco, salez, poivrez et servez sans attendre.

OIGNONS FARCIS AU RIZ ET À L'AGNEAU

4 pers. Préparation : 15 min Cuisson : 1 h 10 min

8 gros oignons doux • 60 g de raisins secs • 120 g de riz • 2 œufs • 400 g d'agneau haché • 1 fromage de chèvre frais (type Petit Billy) • 2 cuil. à soupe de pignons • sel, poivre

Réalisation

Faites cuire le riz dans de l'eau bouillante salée le temps indiqué sur le paquet. Épluchez les oignons, faites-les cuire pendant 20 minutes dans de l'eau salée. Coupez-leur un chapeau, évidez-les sans les percer et déposez-les dans un plat à four. Préchauffez le four à 180 °C (th. 6). Mélangez dans une terrine la pulpe d'oignon retirée avec la viande, le riz cuit, le fromage, les œufs battus, les raisins secs, les pignons, du sel et du poivre. Remplissez les oignons évidés avec cette farce. Versez un petit verre d'eau dans le plat et enfournez. Laissez cuire 40 minutes. Servez chaud.

PAELLA

4 pers. Préparation : 30 min Cuisson : 55 min

200 g de cabillaud • 4 découpes de poulet • 12 moules d'Espagne • 200 g de calamars surgelés • 8 grosses crevettes crues • 200 g de chorizo doux ou fort • 1 poivron rouge • 1 oignon • 2 gousses d'ail • 250 g de riz • 100 g de petits pois écossés (frais ou surgelés) • 6 cuil. à soupe d'huile d'olive • 1 cube de bouillon de volaille • 1 dose de safran • sel, poivre

Réalisation

Versez 50 cl d'eau bouillante sur le cube de bouillon et ajoutez le safran. Laissez infuser. Coupez le chorizo en tranches. Lavez le poivron, enlevez les graines et les parties blanches et coupez la chair en fines lanières. Épluchez l'ail et l'oignon, émincez-les. Faites chauffer 3 cuillerées à soupe d'huile dans un plat à paella (ou à défaut une grande poêle ronde), faites dorer les morceaux de poulet sur toutes leurs faces, salez-les, poivrez-les puis retirez-les. Mettez dans la poêle les calamars et les lanières de poivron. Laissez cuire en mélangeant bien pendant 5 minutes et retirez-les.

Versez 2 cuillerées d'huile dans la poêle, faites revenir les crevettes et le cabillaud pendant 5 minutes, puis retirez-les. Enfin mettez une dernière cuillerée d'huile dans la poêle, faites fondre l'oignon et l'ail émincé. Versez le riz, mélangez bien et poursuivez la cuisson jusqu'à ce que les grains soient transparents. Versez alors peu à peu le bouillon, salez, poivrez, ajoutez le poulet, le poivron, le chorizo, les petits pois, les calamars et les crevettes. Laissez cuire 20 minutes à feu doux. Nettoyez et lavez les moules, déposez-les sur la paella ainsi que les filets de cabillaud, couvrez et laissez cuire 20 minutes. Servez la paella dans la poêle.

Variantes : vous pouvez remplacer le poulet par du lapin, et les crevettes par des langoustines.

PAIN DE VIANDE AU RIZ ET À LA TOMATE

4 pers. Préparation : 15 min Cuisson : 1 h 10 min

250 g de riz long • 500 g de steak haché • 200 g de chair à saucisse • 1 oignon • 2 gousses d'ail • 20 cl de coulis de tomates au naturel • 30 g de beurre • quelques gouttes de Tabasco • 4 branches de persil • sel, poivre

Réalisation

Faites cuire le riz à l'eau bouillante salée pendant 20 minutes, égouttez-le. Épluchez et hachez l'oignon et les gousses d'ail. Mélangez le steak haché avec la chair à saucisse, le riz, le hachis d'ail et d'oignon, un peu de sel et de poivre. Préchauffez le four à 210 °C (th. 7). Beurrez un moule à cake, versez dedans la préparation et faites cuire pendant 45 minutes. Faites chauffer le coulis de tomate et ajoutez le Tabasco. Démoulez le pain sur un plat, parsemez de feuilles de persil ciselées et accompagnez de coulis de tomate.

POITRINE DE VEAU FARCIE

4 pers. Préparation : 20 min Cuisson : 1 h 10 min

1 poitrine de veau • 150 g de riz long • 150 g de talon de jambon • 4 tomates • 1 œuf • 2 cuil. à soupe de pistaches • 1 dose de safran • 4 cuil. à soupe d'huile d'olive • 20 cl de vin blanc sec • 1 bouquet garni • 6 branches de persil plat • sel, poivre

Réalisation

Faites cuire le riz à l'eau bouillante salée additionnée de safran. Égouttez-le. Coupez le jambon en petits dés, pelez et épépinez les tomates, coupez-les en dés. Effeuillez et ciselez le persil. Concassez les pistaches. Mélangez le riz, le jambon, la moitié des tomates, le persil et les pistaches. Ajoutez du sel, du poivre et l'œuf battu. Farcissez la poitrine de veau avec cette préparation et refermez-la en la cousant ou en la ficelant. Faites chauffer l'huile dans une cocotte, faites dorer la poitrine sur toutes ses faces, arrosez de vin blanc, salez, poivrez, ajoutez le bouquet garni et le reste de tomates, couvrez et laissez cuire à petit feu

pendant 1 heure. Découpez la poitrine en tranches, mettez-les sur le plat de service, arrosez-les de sauce. Servez bien chaud.

POIVRONS FARCIS AU RISOTTO

4 pers. Préparation : 20 min Cuisson : 1 h

4 poivrons rouges ou jaunes • 150 g de riz rond • 4 cuil. à soupe de pignons • 2 oignons • 2 gousses d'ail • 5 cl de vin blanc sec • 50 cl de bouillon de volaille • 75 g de parmesan râpé • 4 cuil. à soupe d'huile d'olive • 2 branches de romarin • sel, poivre

Réalisation

Lavez et essuyez les poivrons, décalottez-les et enlevez les graines et les parties blanches.
Épluchez et hachez l'ail et l'oignon. Faites chauffer 2 cuillerées à soupe d'huile dans une sauteuse, faites revenir l'ail et l'oignon pendant 5 minutes puis versez le riz. Mélangez et laissez cuire à feu doux jusqu'à ce que les grains deviennent translucides. Versez le vin blanc, laissez évaporer puis ajoutez une louche de bouillon et laissez cuire en mélangeant.

Versez le bouillon au fur et à mesure de son absorption par le riz. Poursuivez la cuisson pendant 15 minutes, salez, poivrez, ajoutez les pignons, le romarin, le parmesan et mélangez. Préchauffez le four à 180 °C (th. 6). Farcissez les poivrons avec ce risotto, déposez-les verticalement dans un plat à four, arrosez avec le reste d'huile d'olive et faites cuire pendant 40 minutes au four.

POIVRONS FARCIS VÉGÉTARIENS

4 pers. Préparation : 15 min Cuisson : 35 min

4 poivrons • 400 g de riz complet • 2 œufs • 200 g de purée de tomates • 1 oignon • 2 cuil. à soupe d'huile d'olive • 3 branches d'estragon • sel, poivre

Réalisation

Épluchez et hachez l'oignon. Ciselez l'estragon. Lavez les poivrons, coupez-les en deux dans le sens de la longueur, retirez-en les graines et les parties blanches et faites-les cuire au four pendant 20 minutes, réservez-les. Faites

cuire le riz à l'eau bouillante salée le temps indiqué sur l'emballage, puis égouttez-le. Mélangez le riz avec la purée de tomates, l'oignon, l'estragon, les œufs battus en omelette, salez et poivrez. Farcissez les poivrons cuits avec cette préparation, arrosez d'un filet d'huile d'olive et faites cuire au four pendant 15 minutes. Servez bien chaud

RIZ À L'AGNEAU ET AU CITRON

4 pers. Préparation : 15 min Cuisson : 1 h 15 min

250 g de riz long • 600 g d'épaule d'agneau • 2 oignons • 5 gousses d'ail • 2 citrons non traités • 2 cuil. à soupe de paprika • 2 cuil. à soupe de raisins secs • 1 cuil. à café de cumin en poudre • 2 cuil. à café de sucre • 3 cuil. à soupe d'huile d'olive • 1 bouquet de coriandre • sel, poivre

Réalisation

Coupez l'épaule en dés. Épluchez l'ail et les oignons, hachez-les. Coupez les citrons en morceaux, hachez-les. Faites chauffer l'huile dans une sauteuse, faites revenir les dés de

mouton, puis ajoutez l'ail, l'oignon, le citron, les raisins, le cumin, du sel et du poivre. Couvrez et laissez mijoter pendant 1 heure en surveillant la cuisson. Ajoutez un peu d'eau si la viande attache. Faites cuire le riz dans de l'eau bouillante salée, égouttez-le. Versez-le dans un plat creux, disposez la viande dessus et parsemez de coriandre ciselée.

RIZ À L'AGNEAU ET AU CUMIN

4 pers. Préparation : 20 min Cuisson : 1 h 15 min

250 g de riz rond • 1 litre de bouillon de volaille • 600 g d'épaule d'agneau • 2 oignons • 6 carottes • 1 petite boîte de pois chiches • 4 cuil. à soupe d'huile d'olive • 1 cuil. à soupe de graines de cumin • 4 pincées de curcuma • 2 cuil. à soupe de raisins secs • sel, poivre

Réalisation

Épluchez et hachez les oignons. Coupez la viande en cubes. Pelez et émincez finement les carottes. Lavez le riz et faites chauffer le bouillon. Mettez les raisins secs dans un bol,

recouvrez-les d'eau chaude. Versez 2 cuillerées à soupe d'huile dans une sauteuse, faites revenir les oignons et les cubes d'agneau, arrosez d'un verre de bouillon, couvrez et laissez cuire à feu doux pendant 45 minutes. Salez, poivrez, puis ajoutez les carottes et prolongez la cuisson pendant 10 minutes.

Rincez le riz. Versez le reste d'huile dans une sauteuse, mettez le riz, mélangez et laissez cuire jusqu'à ce que les grains soient translucides. Versez une louche de bouillon, laissez cuire quelques minutes et arrosez de bouillon au fur et à mesure qu'il est absorbé. Incorporez les pois chiches, les raisins égouttés, les graines de cumin et le curcuma, salez et poivrez. Versez le riz dans le plat de service, disposez la viande par-dessus. Servez chaud.

RIZ À L'AGNEAU ET AU CURRY

4 pers. Préparation : 20 min Cuisson : 1 h 20 min

1 kg d'épaule d'agneau • 250 g de riz long • 2 oignons • 2 gousses d'ail • 2 cuil. à soupe de concentré de tomates • 1 banane • 1 pomme • 1 yaourt • 1 dose de safran • 4 cuil. à soupe de curry en poudre • 4 cuil. à soupe d'huile • sel, poivre

Réalisation

Coupez l'épaule d'agneau en petits cubes. Épluchez l'ail, les oignons, la pomme et la banane. Émincez-les. Faites chauffer l'huile dans une cocotte, mettez la viande à dorer, puis ajoutez les oignons, l'ail, la pomme, la banane, le yaourt, 10 cl d'eau, le safran, le curry, le concentré de tomates, du sel et du poivre. Couvrez et laissez cuire à feu doux pendant 1 heure. Portez à ébullition 80 cl d'eau salée, versez le riz en pluie, mélangez, baissez le feu, couvrez et laissez cuire pendant 20 minutes. Lorsque le riz est cuit, versez-le dans la cocotte et mélangez bien. Servez bien chaud.

RIZ AU POULET, AU SAFRAN, À LA PISTACHE ET AUX ZESTES D'ORANGE

4 pers. Préparation : 20 min Cuisson : 1 h 30 min

250 g de riz long • 25 cl de bouillon de volaille • 600 g de blancs de poulet • 2 oignons • 2 carottes • 2 oranges non traitées • 1 dose de safran • 100 g de beurre • 6 cuil. à soupe d'amandes effilées • 4 cuil. à soupe de pistaches nature • 6 cuil. à soupe d'huile d'arachide • 1/2 cuil. à café de curcuma • sel, poivre

Réalisation

Faites cuire le riz à l'eau bouillante salée, égouttez-le. Prélevez le zeste des oranges avec un couteau économe, coupez-le en julienne. Mettez-la dans une casserole d'eau froide, portez à ébullition, puis égouttez et réservez. Pelez et émincez les carottes, faites-les revenir à la poêle avec une noix de beurre, faites-les cuire en mélangeant pendant 10 minutes puis ajoutez les amandes, les pistaches, les zestes d'orange, et prolongez la cuisson pendant 10 minutes en ajoutant un peu de bouillon si

la préparation attache. Épluchez et hachez les oignons. Coupez le poulet en lamelles. Faites chauffer l'huile dans une sauteuse ou un wok, faites dorer l'oignon et les lamelles de poulet, arrosez de bouillon de volaille, ajoutez le safran, le curcuma, du sel, du poivre, couvrez et laissez cuire pendant 20 minutes. Ajoutez le riz cuit et le reste du beurre, mélangez bien. Versez sur le plat de service, disposez dessus les carottes aux amandes, aux pistaches et aux zestes. Servez bien chaud.

RIZ AU POULET ET À L'ANANAS

4 pers. Préparation : 15 min Cuisson : 35 min

250 g de riz basmati • 2 ananas Victoria • 400 g de blancs de poulet • 200 g de talon de jambon • 3 échalotes • 1 poivron rouge • 2 cuil. à soupe d'huile • 4 cuil. à soupe de sauce de soja

Réalisation

Coupez les ananas en deux dans le sens de la longueur, évidez-les soigneusement avec un

couteau sans abîmer l'écorce. Coupez la chair en morceaux en retirant les parties ligneuses, réservez les écorces. Faites cuire le riz dans de l'eau bouillante salée le temps indiqué sur le paquet, égouttez-le. Épluchez les échalotes et hachez-les. Coupez le poulet et le jambon en dés. Lavez, épépinez le poivron et coupez-le en petits dés. Faites chauffer l'huile dans une sauteuse, faites revenir les échalotes, le poivron et le poulet, laissez cuire pendant 5 minutes en mélangeant, puis ajoutez le jambon, l'ananas, le riz et la sauce de soja. Poursuivez la cuisson pendant 10 minutes. Remplissez les moitiés d'ananas avec la préparation. Servez immédiatement.

RIZ AU POULET ET AUX FRUITS SECS

4 pers. Préparation : 15 min Cuisson : 40 min

350 g de riz rond • 600 g de blanc de poulet • 2 oignons • 2 gousses d'ail • 1 litre de bouillon de volaille • 4 cuil. à soupe d'huile d'olive • 50 g d'amandes effilées • 4 abricots secs • 4 cuil. à soupe de raisins secs • 2 gousses de cardamome • 1 dose de safran • 40 g de beurre • sel, poivre

Réalisation

Épluchez et hachez les oignons et les gousses d'ail. Rincez le riz. Faites chauffer le bouillon. Versez l'huile dans une sauteuse, faites revenir les oignons et l'ail, ajoutez le riz, mélangez et laissez cuire jusqu'à ce que les graines soient translucides, ajoutez le safran, les gousses de cardamome, puis versez une louche de bouillon. Dès que la première louche est absorbée, versez en une seconde. Renouvelez l'opération pendant environ 20 minutes, salez, poivrez. Coupez le poulet en petits cubes, les abricots en lanières fines. Faites fondre la moitié du beurre dans une poêle, faites revenir les cubes de poulet, les lanières d'abricot, les

raisins secs et les amandes. Salez, poivrez, ouvrez et laissez cuire à feu doux pendant 15 minutes. Ôtez les gousses de cardamome, incorporez le reste du beurre, mélangez, versez le riz sur le plat de service, disposez dessus le poulet et servez sans attendre.

RIZ AUX CALAMARS À LA PROVENÇALE

4 pers. Préparation : 10 min Cuisson : 45 min

250 g de riz long • 500g de calamars surgelés • 2 briques de coulis de tomates • 1 oignon • 3 gousses d'ail • 3 cuil. à soupe d'huile d'olive • 2 feuilles de laurier • 1 cuil. à café de thym effeuillé • 3 branches de persil • 3 feuilles de basilic • sel, poivre du moulin

Réalisation

Épluchez et émincez l'oignon, épluchez et écrasez l'ail au presse-ail. Faites chauffer l'huile dans une sauteuse, faites revenir l'oignon, ajoutez l'ail, les calamars, le thym, les feuilles de laurier, du sel et du poivre. Arrosez de coulis

de tomates, couvrez et laissez cuire pendant 30 minutes à feu doux. Faites cuire le riz dans de l'eau bouillante salée le temps indiqué sur le paquet. Égouttez-le, versez-le dans un plat creux, recouvrez de calamars en sauce et parsemez de basilic et de persil ciselés. Servez sans attendre.

RIZ AUX ÉPINARDS ET AU POULET

4 pers. Préparation : 15 min Cuisson : 50 min

250 g de riz long • 500 g d'épinards frais • 4 blancs de poulet cuits • 25 cl de crème • 1 gousse d'ail • 1 oignon • 75 g de parmesan râpé • 50 g de beurre • sel, poivre

Réalisation

Faites cuire le riz dans une casserole d'eau bouillante, égouttez-le. Pelez et hachez l'ail et l'oignon. Lavez, essorez, équeutez les épinards. Faites fondre 20 g de beurre dans une sauteuse, faites étuver les épinards pendant 5 minutes. Mélangez la crème avec l'ail, l'oignon, du sel et du poivre. Découpez le

poulet en dés. Préchauffez le four à 180 °C (th. 6). Beurrez un plat à four. Déposez une couche d'épinards, une couche de riz, parsemez de dés de poulet, puis arrosez de crème. Saupoudrez de parmesan râpé. Faites cuire au four pendant 45 minutes. Passez sous le gril pendant 3 minutes pour faire gratiner.

RIZ BIRYANI AU POULET

4 pers. Préparation : 15 min Cuisson : 35 min

350 g de riz basmati • 600 g de blancs de poulet • 1 piment vert • 3 oignons • 2 gousses d'ail • 4 cm de gingembre frais • 40 cl de lait de coco • 1 yaourt nature • 1 tomate • 2 cuil. à soupe de cannelle • 2 étoiles d'anis • 3 clous de girofle • 2 pincées de curcuma • 2 cuil. à soupe d'huile d'olive • 50 g de beurre • 1 bouquet de menthe • sel, poivre

Réalisation

Faites cuire le riz basmati à l'eau bouillante salée. Égouttez-le. Épluchez l'ail, les oignons et le gingembre, hachez-les. Pelez la tomate, épépinez-la et coupez la pulpe en petits dés.

Lavez, essuyez, épépinez le piment et hachez-le. Versez l'huile dans une poêle, faites revenir le piment, la tomate et l'oignon, ajoutez les étoiles d'anis, la cannelle, les clous de girofle et le curcuma. Mixez avec le yaourt. Réservez. Coupez le poulet en petits dés. Hachez la menthe, faites-la fondre dans le beurre, ajoutez les dés de poulet, faites-les dorer, ajoutez le hachis de piment et d'oignon, arrosez de lait de coco, salez, poivrez, laissez cuire pendant 10 minutes. Versez le riz dans un plat, disposez dessus le poulet avec sa sauce. Servez immédiatement.

RIZ COMPLET SAUTÉ AU PORC ET AU PIMENT

4 pers. Préparation : 10 min Cuisson : 15 min

250 g de riz complet • 200 g de filet de porc • 3 gousses d'ail • 3 échalotes • 3 cuil. à soupe de nuoc-mâm • 2 citrons verts • 1 cuil. à café de sucre • 1 cuil. à café de pâte de piment • 4 cuil. à soupe d'huile d'arachide • 1 bouquet de coriandre

Réalisation

Faites cuire le riz à l'eau bouillante salée puis égouttez-le. Épluchez l'ail et les échalotes, hachez-les. Coupez le porc en fines lamelles. Pressez les citrons verts. Délayez la pâte de piment avec le jus de citron. Faites chauffer l'huile dans une sauteuse ou dans un wok, faites revenir l'ail et les échalotes, ajoutez les lamelles de porc, arrosez de nuoc-mâm, saupoudrez de sucre, ajoutez le piment, délayez, mélangez et laissez cuire 1 minute. Ajoutez le riz et mélangez. Servez ce plat parsemé de coriandre ciselée.

RIZ CRÉOLE AU CURRY ET AU CRABE

4 pers. Préparation : 15 min Cuisson : 30 min

250 g de riz long • 400 g de crabe au naturel cuit • 50 g de beurre • 2 cuil. à soupe de farine • 30 cl de lait • 3 à 4 cuil. à soupe de curry • 1 feuille de laurier • sel, poivre

Réalisation

Faites bouillir 80 cl d'eau salée, jetez le riz en

pluie, ajoutez le laurier, couvrez et laissez cuire pendant 20 minutes à petit feu.
Pendant ce temps, préparez une béchamel : faites fondre le beurre dans une casserole, saupoudrez de farine, laissez cuire 2 minutes puis versez peu à peu le lait en battant au fouet. Salez, poivrez et ajoutez le curry. Incorporez le crabe. Lorsque le riz est cuit, mettez-le dans un moule à savarin beurré en le tassant bien. Démoulez le riz sur un plat, versez la garniture au centre. Servez très chaud.

Variantes : remplacez le crabe par des crevettes ou du poisson blanc. Vous pouvez aussi ajouter des champignons émincés.

RIZ CRÉOLE ET CREVETTES SAUTÉES AU CURRY

4 pers. Préparation : 10 min Cuisson : 35 min

20 à 24 grosses crevettes roses crues • 250 g de riz long • 1 petite tomate • 1 oignon • 1 gousse d'ail • 4 cuil. à soupe de curry • 6 cuil. à soupe de crème • 3 cuil. à soupe d'huile • sel, poivre

Réalisation

Faites cuire le riz dans 80 cl d'eau bouillante salée additionnée d'une cuillerée à soupe de curry, égouttez-le et disposez-le en couronne dans le plat de service. Décortiquez les crevettes. Pelez et épépinez la tomate, écrasez-la. Pelez ail et oignon, hachez-les. Versez l'huile dans une sauteuse, faites revenir ail et oignon pendant 5 minutes, puis ajoutez les crevettes, prolongez la cuisson pendant 5 minutes en mélangeant sans cesse. Ajoutez la tomate et le reste de curry, faites cuire 3 minutes puis arrosez de crème. Salez, poivrez, mélangez et faites cuire encore pendant 3 minutes. Versez les crevettes et la sauce au centre du plat.

RIZ FRIT AUX ŒUFS ET AUX CREVETTES

4 pers. Préparation : 10 min Cuisson : 10 min

250 g de riz • 400 g de crevettes cuites • 4 œufs • 100 g de petits pois surgelés • 3 gousses d'ail • 2 cm de gingembre frais • 4 ciboules • 4 cuil. à soupe de sauce de soja • 3 cuil. à soupe d'huile d'arachide

Réalisation

Faites cuire le riz à l'eau bouillante salée, égouttez-le. Battez les œufs en omelette. Épluchez l'ail et le gingembre, hachez-les. Détaillez les ciboules en rondelles. Versez 2 cuillerées à soupe d'huile dans un wok, étalez-la sur toute la surface de la cuve avec un papier absorbant et faites chauffer. Versez les œufs, étalez-les dans le wok et laissez cuire à feu doux pour obtenir une omelette. Faites glisser l'omelette sur un plat, coupez-la en dés. Versez le reste d'huile dans le wok, faites revenir l'ail et le gingembre pendant 3 minutes, ajoutez les crevettes, le riz, les dés d'omelette, les petits pois, la sauce de soja, mélangez délicatement et

prolongez la cuisson pendant 2 minutes. Parsemez de ciboules au moment de servir.

RIZ FRIT AU PORC ET AUX ŒUFS

4 pers. Préparation : 15 min Cuisson : 15 min

400 g de filet de porc • 4 œufs • 250 g de riz • 100 g de petits pois surgelés • 3 gousses d'ail • 2 cm de gingembre frais • 4 ciboules • 8 cuil. à soupe de sauce de soja • 1 cuil. à café de cinq-parfums • 1 cuil. à soupe de sauce hoisin • 1 cuil. à soupe de xérès • 6 cuil. à soupe d'huile d'arachide • sel

Réalisation

Faites cuire le riz à l'eau bouillante salée, égouttez-le. Mélangez dans un saladier 4 cuillerées à soupe de sauce de soja, la sauce hoisin, le xérès et le cinq-parfums. Découpez le filet de porc en lamelles et plongez-les dans la marinade. Battez les œufs en omelette. Épluchez l'ail et le gingembre, hachez-les. Détaillez les ciboules en rondelles.

Versez 2 cuillerées d'huile dans le wok, étalez-la sur toute la surface de la cuve avec un

papier absorbant et faites chauffer. Versez les œufs, étalez-les dans le wok et laissez cuire à feu doux pour obtenir une omelette. Faites glisser l'omelette sur un plat, coupez-la en dés. Versez le reste d'huile dans le wok, faites revenir l'ail et le gingembre, ajoutez les tranches de porc marinées avec leur sauce, et laissez cuire 5 minutes sans cesser de mélanger. Ajoutez le riz, les dés d'omelette, les petits pois, 4 cuillerées à soupe de sauce de soja, mélangez délicatement et prolongez la cuisson pendant 2 minutes. Parsemez de ciboules au moment de servir.

RIZ PILAF AU POISSON À L'ANTILLAISE

4 pers. Prép. : 15 min Marinade : 1 h Cuisson : 25 min

150 g de riz rond • 2 oignons • 4 gousses d'ail • 1 litre de bouillon de volaille • 4 filets de cabillaud • 3 citrons verts • 1 piment oiseau • 4 cuil. à soupe d'huile d'olive • sel, poivre

Réalisation

Épluchez et hachez un oignon et trois gousses d'ail, mettez-les dans un plat creux avec le piment émietté. Pressez les citrons verts, versez le jus dans l'assiette. Mettez les filets de poisson dans la marinade, retournez-les et laissez en attente pendant 1 heure. Versez le poisson et sa marinade dans une casserole, faites cuire pendant 15 minutes. Épluchez l'oignon et l'ail restants, hachez-les et faites-les revenir dans 2 cuillerées à soupe d'huile. Versez le riz et faites cuire jusqu'à ce que les grains deviennent translucides. Arrosez d'une louche de bouillon, laissez absorber par le riz puis renouvelez l'opération jusqu'à ce que le riz soit cuit. Salez et poivrez. Versez le riz en couronne dans un plat creux, mettez le poisson avec sa sauce au centre.

RIZ SAUTÉ AU POULET ET AU BASILIC

4 pers. Préparation : 20 min Cuisson : 30 min

250 g de riz thaï • 600 g de blancs de poulet • 2 gousses d'ail • 2 échalotes • 1 piment oiseau • 1 bouquet de basilic • 4 cuil. à soupe d'huile d'olive • 4 cuil. à soupe de sauce de soja • sel, poivre

Réalisation

Faites cuire le riz à l'eau bouillante salée le temps indiqué sur le paquet, égouttez-le. Effeuillez le basilic, coupez le poulet en lanières, épluchez et hachez les échalotes et l'ail. Lavez, épépinez et hachez le piment en prenant soin de vous laver les mains après l'avoir manipulé. Faites chauffer l'huile dans une sauteuse, faites revenir le hachis d'ail, d'échalote et de piment, ajoutez le poulet, faites cuire à feu doux pendant 10 minutes, puis ajoutez le basilic, un peu de poivre et le riz. Réchauffez pendant 5 minutes en mélangeant. Arrosez de sauce de soja, et servez sans attendre.

RIZ SAUTÉ PIMENTÉ AU PORC ET AU CRABE

4 pers. Préparation : 15 min Cuisson : 40 min

250 g de riz thaï • 2 oignons • 1 poivron rouge • 1 piment oiseau • 300 g d'échine de porc • 300 g de chair de crabe au naturel cuit • 4 cuil. à soupe d'huile d'arachide • 2 cuil. à soupe d'huile de sésame • 4 cuil. à soupe de sauce de soja • sel

Réalisation

Faites cuire le riz à l'eau bouillante salée le temps indiqué sur le paquet, égouttez-le. Épluchez les oignons et hachez-les. Lavez et essuyez le poivron, épépinez-le et coupez la chair en dés. Coupez le porc en lamelles. Lavez, essuyez, épépinez et hachez le piment en prenant soin de vous laver les mains après l'avoir manipulé. Faites chauffer l'huile d'arachide dans une sauteuse ou un wok, faites revenir l'oignon haché, puis ajoutez le piment, le poivron et les lamelles de porc. Laissez cuire pendant 5 minutes en mélangeant, puis ajoutez le riz cuit, le crabe, la sauce de soja et l'huile de sésame. Versez dans le plat de service.

RIZ SAUVAGE DU BRUNCH

4 pers. Préparation : 5 min Cuisson : 15 min

250 g de riz sauvage • 4 tranches de bacon • 4 œufs • sel, poivre

Réalisation

Faites cuire le riz à l'eau bouillante salée le temps indiqué sur le paquet, égouttez-le, répartissez-le sur quatre assiettes. Faites cuire les tranches de bacon à sec dans une poêle à revêtement antiadhésif, taillez-les en lanières. Battez les œufs, salez peu, poivrez, incorporez les lanières de bacon. Faites cuire l'omelette dans la poêle ayant servi pour le bacon. Découpez-la en quatre parts égales et disposez-les sur les assiettes. Servez sans attendre.

LES RISOTTOS

•

RISOTTO À L'AIL ET AU PARMESAN

4 pers. Préparation : 10 min Cuisson : 20 min

350 g de riz rond • 8 gousses d'ail • 1 oignon • 10 cl de vin blanc • 1 litre de bouillon de volaille • 40 g de beurre • 10 cl de crème liquide • 150 g de parmesan râpé • 4 branches de persil plat • 2 cuil. à soupe d'huile d'olive • sel, poivre

Réalisation

Préchauffez le four à 180 °C (th. 6). Mettez les gousses d'ail non épluchées dans un plat à four et faites-les cuire pendant 30 minutes. Épluchez et hachez l'oignon. Rincez le riz. Faites chauffer l'huile dans une sauteuse, faites revenir l'oignon, puis versez le riz et laissez-le cuire jusqu'à ce que les grains deviennent transparents. Salez, poivrez et arrosez de vin blanc. Faites chauffer le bouillon, versez-en une louche sur le riz, mélangez et laissez cuire jusqu'à absorption du liquide. Renouvelez

l'opération jusqu'à ce que le riz soit cuit. Pressez les gousses d'ail pour en extraire la pulpe, mélangez-la dans un bol à la crème. Coupez le beurre en petits morceaux. Mettez dans la sauteuse le beurre, la crème et le parmesan. Couvrez et laissez fondre pendant 3 minutes. Mélangez, parsemez de feuilles de persil ciselées. Servez sans attendre.

RISOTTO AU CHORIZO ET AUX OLIVES

4 pers. Préparation : 15 min Cuisson : 35 min

350 g de riz rond • 1 litre de bouillon de volaille • 12 tranches de chorizo • 2 oignons • 2 tomates • 2 poivrons rouges • 4 cuil. à soupe d'olives vertes dénoyautées • 3 cuil. à soupe d'huile d'olive • sel, poivre

Réalisation

Faites griller les poivrons dans le four en les retournant régulièrement pour que leur peau soit noircie, puis enfermez-les dans un sac en plastique pendant 30 minutes. Retirez-les,

pelez-les, épépinez-les et coupez la chair en lanières. Épluchez et hachez les oignons et les tomates. Rincez le riz et faites chauffer le bouillon. Versez l'huile dans une sauteuse, faites revenir les oignons et les tomates pendant 5 minutes, mettez le riz et laissez cuire en mélangeant jusqu'à ce que les grains soient translucides. Versez une louche de bouillon, laissez cuire à feu doux jusqu'à absorption du liquide et renouvelez l'opération. Au bout de 15 minutes environ, salez peu, poivrez, incorporez les olives, le poivron et le chorizo. Couvrez et laissez cuire encore pendant 5 minutes. Versez sur le plat de cuisson et servez immédiatement.

RISOTTO AU CITRON

4 pers. Préparation : 15 min Cuisson : 25 min

350 g de riz rond • 2 oignons • 10 cl de vin blanc sec • 1 litre de bouillon de volaille • 1 citron non traité • 50 g de parmesan râpé • 50 g de beurre • 3 cuil. à soupe d'huile d'olive • sel, poivre

Réalisation

Prélevez le zeste du citron avec un couteau économe et râpez-le. Épluchez les oignons et hachez-les. Faites chauffer l'huile dans une sauteuse, faites revenir l'oignon haché, puis versez le riz. Laissez-le cuire jusqu'à ce que les grains soient translucides puis arrosez de vin blanc. Laissez évaporer, puis versez une louche de bouillon. Faites cuire le riz en le mélangeant jusqu'à absorption du liquide, puis renouvelez l'opération. Lorsque le riz est cuit, salez, poivrez, incorporez le zeste de citron râpé et le beurre. Mélangez bien. Accompagnez de parmesan.

RISOTTO AU CURRY, AUX RAISINS ET AUX AMANDES

4 pers. Préparation : 10 min Cuisson : 25 min

350 g de riz rond • 2 oignons • 10 cl de vin blanc • 1 litre de bouillon de volaille • 4 cuil. à soupe de curry • 2 cuil. à soupe d'huile d'olive • 50 g de beurre • 4 cuil. à soupe de raisins secs • 2 cuil. à soupe d'amandes effilées • sel, poivre

Réalisation

Rincez le riz et faites chauffer le bouillon. Épluchez les oignons, hachez-les et faites-les revenir dans une sauteuse avec la moitié du beurre. Versez le riz et faites cuire à feu très doux en remuant constamment jusqu'à ce que les grains soient translucides. Arrosez de vin blanc sans cesser de mélanger, puis dès que le vin est absorbé, versez une louche de bouillon en continuant à remuer. Versez une nouvelle louche de bouillon quand la précédente a été absorbée. Quand tout le bouillon est absorbé, retirez la sauteuse du feu, ajoutez le curry puis le reste de beurre, du sel, du poivre et les raisins. Mélangez, versez sur le plat de service. Faites griller les amandes effilées à sec dans une poêle, parsemez-les sur le riz. Servez chaud.

RISOTTO AU GINGEMBRE ET À LA CORIANDRE

4 pers. Préparation : 10 min Cuisson : 25 min

250 g de riz rond • 75 cl de bouillon de volaille • 2 oignons • 2 gousses d'ail • 4 cm de gingembre frais • 2 pincées de noix de muscade • 3 cuil. à soupe d'huile d'arachide • 1 bouquet de coriandre • sel, poivre

Réalisation

Rincez le riz. Faites chauffer le bouillon. Épluchez et hachez l'ail, les oignons et le gingembre. Faites chauffer l'huile dans une sauteuse, faites revenir le hachis d'ail, d'oignon et de gingembre, ajoutez le riz, faites-le cuire jusqu'à ce que les grains soient translucides. Versez une louche de bouillon, laissez cuire le temps que le liquide soit absorbé puis renouvelez l'opération. Au bout de 20 minutes environ, salez, poivrez, ajoutez un peu de noix de muscade. Mélangez, versez le riz sur le plat de service et parsemez-le de coriandre ciselée.

RISOTTO AU JAMBON DE PARME ET AUX CÈPES

4 pers. Prép. : 10 min Attente : 30 min Cuisson : 25 min

250 g de riz rond • 1 oignon • 1 échalote • 1 gousse d'ail • 12 tranches fines de jambon de Parme • 80 g de cèpes séchés • 10 cl de vin blanc sec • 75 cl de bouillon de volaille • 2 cuil. à soupe de sauge séchée • 4 cuil. à soupe d'huile d'olive • 50 g de beurre • 50 g de parmesan râpé • sel, poivre

Réalisation

Mettez les cèpes dans un grand bol, recouvrez-les d'eau chaude et laissez-les se réhydrater pendant 30 minutes. Épluchez l'ail, l'oignon et l'échalote, hachez-les. Faites chauffer l'huile dans une grande sauteuse, faites revenir le hachis, puis mettez les tranches de jambon. Faites-les cuire pendant 1 minute de chaque côté et retirez-les. Essorez les cèpes, coupez les plus gros en morceaux et faites-les revenir dans l'huile. Retirez-les. Versez le riz, laissez-le cuire en mélangeant jusqu'à ce que les grains soient translucides, versez le vin et laissez évaporer, puis arrosez d'une louche de

bouillon. Laissez cuire jusqu'à absorption du liquide puis renouvelez l'opération. Au bout de 15 minutes, salez, poivrez, ajoutez le beurre, mélangez puis ajoutez enfin les cèpes, les feuilles de sauge et le jambon. Laissez-les réchauffer pendant 2 minutes et versez dans le plat de service. Accompagnez de parmesan.

RISOTTO AU JAMBON ET AUX PETITS POIS

4 pers. Préparation : 15 min Cuisson : 30 min

350 g de riz rond • 10 cl de vin blanc sec • 1 litre de bouillon de volaille • 400 g de talon de jambon fumé • 300 g de petits pois • 1 oignon • 3 cuil. à soupe d'huile d'olive • 50 g de beurre • 50 g de parmesan • sel, poivre

Réalisation

Rincez le riz, faites chauffer le bouillon. Épluchez et hachez l'oignon. Faites chauffer l'huile d'olive dans une sauteuse, faites revenir l'oignon pendant 5 minutes puis mettez le riz et faites cuire en mélangeant jusqu'à ce que

les grains soient translucides. Arrosez de vin blanc, laissez évaporer, puis versez une louche de bouillon. Lorsque le liquide est absorbé, remettez une louche et renouvelez jusqu'à ce que le riz soit cuit. Faites cuire les petits pois pendant 5 minutes à l'eau bouillante salée. Égouttez-les. Détaillez le jambon en petits dés. Incorporez au riz le beurre, le parmesan, le jambon et les petits pois, salez peu, poivrez. Mélangez et servez sans attendre.

RISOTTO AU POULET

4 pers. Préparation : 15 min Cuisson : 40 min

250 g de riz rond • 600 g de blancs de poulet • 200 g de petits pois surgelés • 1 échalote • 1 oignon • 10 cl de vin blanc sec • 50 cl de bouillon de volaille • 70 g de beurre • 15 cl de crème • 3 cuil. à soupe d'huile d'olive • 1 dose de safran • 40 g de parmesan • sel, poivre

Réalisation

Faites cuire les petits pois à l'eau bouillante salée pendant 5 minutes. Égouttez-les. Coupez

le poulet en lamelles. Épluchez l'échalote et hachez-la. Épluchez l'oignon et hachez-le. Faites fondre la moitié du beurre dans une poêle, faites revenir l'échalote et les lamelles de poulet pendant 5 minutes, puis ajoutez les petits pois cuits, arrosez de crème, salez, poivrez et réservez. Rincez le riz et faites chauffer le bouillon. Faites chauffer l'huile dans une sauteuse, faites revenir l'oignon haché puis versez le riz. Laissez cuire en mélangeant jusqu'à ce que les grains soient translucides, puis arrosez de vin blanc. Laissez évaporer puis versez peu à peu le bouillon au fur et à mesure qu'il est absorbé par le riz et saupoudrez de safran. Salez, poivrez, incorporez le reste de beurre, le parmesan et le poulet aux petits pois. Mélangez délicatement, versez sur le plat de service et servez très chaud.

RISOTTO AU PROSCIUTTO

4 pers. Préparation : 15 min Cuisson : 30 min

350 g de riz rond • 1 oignon • 2 gousses d'ail • 250 g de champignons de Paris • 10 cl de vin blanc sec • 1 litre de bouillon de volaille • 12 tranches de prosciutto • 50 g de parmesan râpé • 50 g de beurre • 4 cuil. à soupe d'huile d'olive • sel, poivre

Réalisation

Lavez le riz et faites chauffer le bouillon. Épluchez l'ail et l'oignon, hachez-les. Lavez et essuyez les champignons, émincez-les finement. Coupez le prosciutto en lanières. Faites chauffer l'huile dans une sauteuse, faites revenir le hachis d'ail et d'oignon et les champignons pendant 5 minutes en mélangeant, puis versez le riz et laissez cuire jusqu'à ce que les grains soient translucides. Arrosez de vin blanc, laissez évaporer, puis versez une louche de bouillon. Faites cuire et ajouter une autre louche dès que le liquide est absorbé. Renouvelez l'opération. Au bout de 20 minutes salez, poivrez, incorporez le prosciutto, le

beurre et le parmesan. Versez sur le plat de service et servez immédiatement.

RISOTTO AU SAFRAN

4 pers. Préparation : 5 min Cuisson : 30 min

350 g de riz rond • 1 litre de bouillon de volaille • 10 cl de vin blanc sec • 1 oignon • 50 g de parmesan râpé • 50 g de beurre • 1 dose de safran • sel, poivre

Réalisation

Rincez le riz et faites chauffer le bouillon. Épluchez l'oignon, hachez-le et faites-le revenir dans une sauteuse avec la moitié du beurre. Versez le riz et faites cuire à feu très doux en remuant constamment jusqu'à ce que les grains soient translucides. Arrosez de vin blanc sans cesser de mélanger, puis dès que le vin est absorbé, versez une louche de bouillon en continuant à remuer. Versez une nouvelle louche de bouillon quand la précédente a été absorbée. Quand tout le bouillon est absorbé, retirez la sauteuse du feu, ajoutez le safran,

mélangez bien, salez, poivrez, puis ajoutez le reste de beurre et le parmesan. Mélangez à nouveau et servez immédiatement.

RISOTTO AUX ANCHOIS ET AUX PIGNONS

4 pers. Préparation : 15 min Cuisson : 25 min

200 g de riz rond • 12 filets d'anchois à l'huile • 4 cuil. à soupe de pignons • 2 oignons • 2 gousses d'ail • 5 cl de vin blanc sec • 50 cl de bouillon de volaille • 2 cuil. à soupe d'huile • 75 g de parmesan râpé • 4 cuil. à soupe d'huile d'olive • sel, poivre

Réalisation

Épluchez et hachez l'ail et les oignons. Coupez les anchois en morceaux. Rincez le riz et faites chauffer le bouillon. Faites chauffer l'huile dans une sauteuse, faites revenir l'ail et l'oignon pendant 5 minutes puis versez le riz. Mélangez et laissez cuire à feu doux jusqu'à ce que les grains deviennent translucides. Versez le vin blanc, laissez évaporer puis ajoutez une louche de bouillon et laissez cuire en

mélangeant. Versez le bouillon au fur et à mesure de son absorption par le riz. Poursuivez la cuisson pendant 20 minutes, salez très peu, poivrez, ajoutez les pignons et les anchois. Mélangez. Accompagnez de parmesan.

Notre conseil : servez ce risotto en accompagnement d'un poisson poché ou grillé.

RISOTTO AUX AUBERGINES, AUX TOMATES ET AUX OLIVES

4 pers. Préparation : 15 min Cuisson : 45 min

250 g de riz rond • 500 g d'aubergines • 3 tomates • 1 oignon • 2 gousses d'ail • 75 cl de bouillon de volaille • 4 cuil. à soupe d'huile d'olive • 20 olives noires • 50 g de parmesan • 20 g de beurre • 4 branches de basilic • sel, poivre

Réalisation

Lavez et épluchez les aubergines, coupez-les en petits morceaux. Pelez et épépinez les tomates. Pelez et émincez l'oignon. Pelez et écrasez l'ail. Hachez le basilic. Dénoyautez les

olives et coupez-les en quatre. Faites chauffer 2 cuillerées à soupe d'huile d'olive dans une sauteuse, faites cuire ensemble les aubergines, les tomates, l'oignon et l'ail, les olives, et le basilic pendant 20 à 25 minutes, salez et poivrez. Rincez le riz et faites chauffer le bouillon. Faites chauffer le reste d'huile dans une autre sauteuse, versez le riz en pluie, mélangez et laissez cuire jusqu'à ce que les grains soient translucides. Ajoutez une louche de bouillon et remuez délicatement. Continuez à ajouter du bouillon au fur et à mesure que le riz l'absorbe. Lorsque le riz est cuit, salez, poivrez, incorporez le beurre et le parmesan et ajoutez les légumes cuits. Versez dans le plat de service et servez très chaud.

RISOTTO AUX CÈPES

4 pers. Préparation : 15 min Cuisson : 30 min

250 g de riz rond • 300 g de cèpes • 5 cl de vin blanc • 75 cl de bouillon de volaille • 2 gousses d'ail • 3 cuil. à soupe d'huile d'olive • 4 branches de persil plat • 50 g de parmesan râpé • sel, poivre

Réalisation

Nettoyez soigneusement les cèpes, émincez-les. Pelez les gousses d'ail, écrasez-les avec un presse-ail. Faites chauffer 1 cuillerée à soupe d'huile dans une poêle, faites revenir les lamelles de cèpe en les retournant pendant 5 minutes, ajoutez l'ail écrasé, du sel et du poivre.

Réservez. Versez le reste d'huile dans une sauteuse, versez le riz, faites-le cuire sans cesser de mélanger jusqu'à ce que les grains deviennent transparents, arrosez de vin blanc, laissez évaporer, puis ajoutez une louche de bouillon. Laissez cuire à feu très doux jusqu'à ce que le bouillon soit absorbé, puis renouvelez l'opération. Le riz est en principe cuit au bout de

20 minutes. Incorporez le beurre, mélangez, puis ajoutez les cèpes et mélangez délicatement. Versez le risotto dans un plat de service, parsemez de persil ciselé et accompagnez de parmesan fraîchement râpé. Servez bien chaud.

Variante : remplacez les cèpes par des pleurotes pour une recette moins onéreuse.

RISOTTO AUX CŒURS D'ARTICHAUT

4 pers. Préparation : 10 min Cuisson : 30 min

250 g de riz rond • 12 cœurs d'artichaut surgelés • 1 oignon • 5 cl de vin blanc • 75 cl de bouillon de volaille • 4 cuil. à soupe d'huile d'olive • 40 g de beurre • 40 g de parmesan râpé • 4 branches de persil plat • sel, poivre

Réalisation

Laissez décongeler les cœurs d'artichaut pendant 3 heures à température ambiante, puis coupez-les en lamelles. Épluchez et hachez l'oignon. Faites chauffer 2 cuillerées à soupe

d'huile d'olive dans une sauteuse, faites revenir les lamelles d'artichaut à feu doux pendant 10 minutes, salez et poivrez. Retirez-les avec une écumoire, réservez-les au chaud. Rincez le riz et faites chauffer le bouillon. Versez le reste d'huile dans la sauteuse, faites revenir l'oignon pendant 5 minutes puis mettez le riz et faites cuire en mélangeant jusqu'à ce que les grains soient translucides. Arrosez de vin blanc, laissez évaporer, puis versez une louche de bouillon. Lorsque le liquide est absorbé, remettez une louche et renouvelez jusqu'à ce que le riz soit cuit. Salez, poivrez, incorporez le beurre et le parmesan. Versez dans le plat de service, puis disposez dessus les lamelles d'artichaut. Parsemez de feuilles de persil ciselé. Servez bien chaud.

RISOTTO AUX CREVETTES ET AU PIMENT

4 pers. Préparation : 20 min Cuisson : 40 min

350 g de riz rond • 10 cl de vin blanc • 1 litre de bouillon de volaille • 24 crevettes crues • 1 tomate • 1 piment vert • 2 gousses d'ail • 4 cuil. à soupe d'huile d'olive • 4 branches de basilic • sel, poivre

Réalisation

Décortiquez les crevettes. Épépinez le piment et coupez-le en petits dés. Pelez et hachez l'ail. Pelez et épépinez la tomate, coupez la chair en dés. Effeuillez le basilic. Rincez le riz et faites chauffer le bouillon. Faites chauffer 2 cuillerées à soupe d'huile dans une sauteuse, versez le riz et laissez cuire en mélangeant jusqu'à ce que les grains de riz soient transparents. Versez le vin blanc et laissez-le évaporer, puis versez une louche de bouillon. Laissez cuire jusqu'à absorption par le riz et renouvelez l'opération pendant environ 20 minutes. Arrêtez la cuisson, versez sur le plat de service et maintenez au chaud. Versez le reste

d'huile dans une poêle profonde, faites revenir l'ail, le piment et la tomate, salez et poivrez. Retirez-les. Mettez les crevettes et faites-les cuire à feu vif pendant 5 à 8 minutes en les retournant plusieurs fois. Remettez les légumes, poursuivez la cuisson pendant 2 minutes pour les réchauffer, versez sur le riz, mélangez délicatement et servez immédiatement.

RISOTTO AUX ÉPICES

4 pers. Préparation : 10 min Cuisson : 25 min

250 g de riz rond • 1 oignon • 75 cl de bouillon de volaille • 1 cuil. à soupe de cannelle • 1 cuil. à soupe de cinq-épices • 3 cuil. à soupe d'huile d'arachide • 50 g de beurre • 4 cuil. à soupe de pignons • sel, poivre

Réalisation

Épluchez et hachez l'oignon. Rincez le riz et faites chauffer le bouillon. Mettez l'huile à chauffer dans une sauteuse, faites revenir l'oignon avec les pignons, ajoutez le riz, laissez-le cuire jusqu'à ce que les grains soient

translucides, puis arrosez de bouillon peu à peu. Lorsque le riz est cuit, incorporez le beurre, la cannelle, le cinq-épices, du sel et du poivre. Mélangez et servez bien chaud.

RISOTTO AUX ÉPINARDS

4 pers. Préparation : 15 min Cuisson : 30 min

250 g de riz rond • 1 oignon • 500 g d'épinards hachés surgelés • 75 cl de bouillon de volaille • 3 cuil. à soupe d'huile d'olive • 3 cuil. à soupe de pignons • muscade • sel, poivre

Réalisation

Faites bouillir le bouillon de volaille, plongez-y les épinards et faites-les cuire 5 minutes, égouttez, en gardant l'eau de cuisson. Épluchez et hachez l'oignon. Rincez le riz. Faites chauffer l'huile dans une sauteuse, ajoutez le riz, mélangez et laissez cuire jusqu'à absorption du liquide. Continuez à ajouter le bouillon au fur et à mesure que le riz l'absorbe. Lorsque le riz est cuit, salez, poivrez, ajoutez de la noix de muscade et les épinards. Réchauffez

pendant 1 minute, puis versez dans le plat de service. Faites griller les pignons à sec dans une poêle, parsemez-en le risotto. Servez immédiatement.

RISOTTO AUX FRUITS DE MER

4 pers. Préparation : 20 min Cuisson : 30 min

250 g de riz rond • 12 langoustines • 2 oignons • 10 cl de vin blanc sec • 1 litre de moules • 1 litre de coques • 200 g de calamars surgelés • 1 dose de safran • 4 cuil. à soupe d'huile • 50 g de parmesan • sel poivre

Réalisation

Nettoyez les moules et les coques, lavez-les à grande eau. Versez un verre d'eau salée dans une sauteuse, mettez les moules et les coques et faites-les ouvrir à feu vif pendant 5 minutes. Lorsqu'elles sont toutes ouvertes, retirez-les avec une écumoire et gardez l'eau de cuisson. Filtrez-la et réservez-la. Décoquillez les moules et les coques à l'exception de quelques-unes pour le décor. Faites cuire les langoustines à

l'eau bouillante salée pendant 10 minutes, gardez leur eau de cuisson. Épluchez et hachez les oignons. Faites chauffer l'huile dans une sauteuse, faites revenir les oignons, ajoutez les calamars, puis le riz. Mélangez bien et arrosez de vin blanc. Laissez évaporer, puis ajoutez une louche de bouillon de cuisson des fruits de mer. Laissez cuire jusqu'à évaporation puis renouvelez l'opération jusqu'à ce que le riz soit cuit, salez, poivrez. Délayez le safran dans la dernière louche de bouillon. Mettez les moules, les coques et les langoustines dans la sauteuse, ajoutez le bouillon au safran, réchauffez pendant 3 minutes. Versez sur le plat de service, garnissez de coques et de moules dans leur coquille. Accompagnez de parmesan.

RISOTTO AUX LANGOUSTINES

4 pers. Préparation : 20 min Cuisson : 1 h 15 min

24 langoustines • 3 carottes • 2 oignons • 250 g de riz rond • 10 cl de vin blanc • 50 g de parmesan • 50 g de beurre • 2 cuil. à soupe d'huile d'olive • 1 bouquet garni • sel, poivre en grains

Réalisation

Décortiquez les langoustines, mettez les têtes et les carapaces dans une grande casserole. Pelez une carotte et un oignon, émincez-les, ajoutez-les aux carapaces, arrosez avec le vin blanc et 1 litre d'eau, salez et ajoutez encore quatre grains de poivre et le bouquet garni. Portez à ébullition et laissez cuire pendant 45 minutes. Filtrez ce bouillon. Épluchez les carottes restantes, coupez-les en julienne. Faites pocher les langoustines et la julienne de carotte dans ce bouillon pendant 5 à 8 minutes. Épluchez le dernier oignon et hachez-le. Rincez le riz. Faites chauffer l'huile dans une sauteuse, faites revenir l'oignon haché pendant 5 minutes, mettez le riz, faites-

le cuire en mélangeant jusqu'à ce que les grains deviennent translucides, puis versez le bouillon louche après louche en laissant absorber le liquide. Au bout de 20 minutes, ajoutez le beurre et le parmesan ainsi que la julienne de carotte et les langoustines. Versez sur le plat de service et servez chaud.

Notre conseil : pour obtenir un fumet encore plus corsé, ajoutez des têtes et des parures de poisson aux carapaces.

RISOTTO AUX MOULES ET AU FENOUIL

4 pers. Préparation : 15 min Cuisson : 35 min

250 g de riz sauvage • 2 litres de moules • 4 tomates • 1 bulbe de fenouil • 10 cl de vin blanc sec • 4 cuil. à soupe d'huile d'olive • 2 cuil. à soupe de thym • sel, poivre

Réalisation

Pelez, épépinez les tomates et coupez-les en dés. Coupez le fenouil en petits morceaux.

Faites chauffer 2 cuillerées à soupe d'huile dans une sauteuse, faites revenir les tomates et les morceaux de fenouil à feu doux pendant 10 minutes. Versez un verre d'eau dans une cocotte, salez, poivrez, mettez le thym, les moules et faites-les ouvrir à feu vif. Arrêtez la cuisson dès qu'elles sont toutes ouvertes, retirez-les avec une écumoire et conservez le jus de cuisson. Filtrez-le. Rincez le riz. Versez le reste d'huile dans une sauteuse, versez le riz et faites-le cuire en mélangeant jusqu'à ce que les grains soient translucides. Arrosez de vin blanc, faites-le évaporer, puis ajoutez petit à petit l'eau de cuisson des moules. Ajoutez un peu d'eau si nécessaire pour mouiller le riz. Au bout de 15 minutes, salez, poivrez, ajoutez les légumes et les moules. Réchauffez pendant 2 minutes et servez sans attendre.

RISOTTO AUX PETITS LÉGUMES

4 pers. Préparation : 20 min Cuisson : 35 min

250 g de riz rond • 5 cl de vin blanc • 75 cl de bouillon de légumes • 8 asperges vertes • 8 petites carottes nouvelles • 300 g de fèves • 300 g de petits pois • 4 petits oignons nouveaux • 2 cuil. à soupe d'huile d'olive • 40 g de beurre • 40 g de parmesan • sel, poivre

Réalisation

Épluchez les légumes, faites-les cuire à l'eau bouillante salée à l'exception des oignons, égouttez-les et gardez-les au chaud. Pelez et hachez les oignons. Rincez le riz et faites chauffer le bouillon. Mettez l'huile à chauffer dans une sauteuse, faites fondre l'oignon pendant 5 minutes, puis versez le riz et laissez-le cuire jusqu'à ce que les grains deviennent translucides. Arrosez de vin blanc, laissez réduire un peu, puis versez une louche de bouillon. Faites cuire sans cesser de mélanger puis poursuivez la cuisson pendant 20 minutes en versant une louche de bouillon au fur et à mesure de l'absorption. Versez le riz dans un plat creux,

salez, poivrez, ajoutez le beurre, mélangez bien, puis disposez dessus les légumes. Accompagnez de parmesan et servez très chaud.

Notre conseil : servez ce risotto avec un rôti ou des escalopes de veau.

RISOTTO AUX PETITS POIS

4 pers. Préparation : 10 min Cuisson : 30 min

250 g de riz rond • 400 g de petits pois écossés • 75 cl de bouillon de légumes • 2 oignons • 1 branche de céleri • 1 carotte • 1 gousse d'ail • 3 cuil. à soupe d'huile d'olive • 50 g de beurre • 50 g de parmesan • sel, poivre

Réalisation

Epluchez la carotte, coupez-la en julienne ainsi que le céleri. Faites chauffer le bouillon de légumes. Rincez le riz. Faites chauffer 2 cuillerées d'huile d'olive dans une sauteuse, mettez le riz et faites-le cuire en mélangeant jusqu'à

ce que les grains soient translucides. Versez une louche de bouillon et prolongez la cuisson pour que le liquide soit absorbé, puis renouvelez l'opération jusqu'à ce que le riz soit cuit. Épluchez l'ail et les oignons, hachez-les. Faites fondre 20 g de beurre dans une casserole, faites fondre ail et oignon, puis ajoutez la julienne de légumes, les petits pois, salez, poivrez, versez une louche de bouillon et faites cuire pendant 10 minutes. Versez le riz sur le plat de service, ajoutez les petits pois et incorporez le reste de beurre. Servez bien chaud avec le parmesan.

RISOTTO AUX PIGNONS

4 pers. Préparation : 10 min Cuisson : 25 min

250 g de riz rond • 1 oignon • 5 cl de vin blanc sec • 75 cl de bouillon de volaille • 3 cuil. à soupe d'huile d'olive • 100 g de pignons • 30 g de beurre • 4 pincées de cannelle • 4 pincées de noix de muscade • 40 g de parmesan râpé • sel, poivre

Réalisation

Épluchez et hachez l'oignon. Rincez le riz et faites chauffer le bouillon. Faites chauffer l'huile d'olive dans une sauteuse, faites revenir l'oignon pendant 5 minutes puis mettez le riz et faites cuire en mélangeant jusqu'à ce que les grains soient translucides. Arrosez de vin blanc, laissez évaporer, puis versez une louche de bouillon. Lorsque le liquide est absorbé, remettez une louche et renouvelez jusqu'à ce que le riz soit cuit. Incorporez la cannelle, la noix de muscade, du sel, du poivre et enfin le beurre. Faites griller les pignons à sec dans une poêle. Versez le riz dans le plat de service, ajoutez les pignons, mélangez et servez très chaud en accompagnant de parmesan.

RISOTTO AUX POINTES D'ASPERGES VERTES

4 pers. Préparation : 10 min Cuisson : 30 min

250 g de riz rond • 1 botte d'asperges vertes • 1 oignon • 3 cuil. à soupe d'huile d'olive • 30 g de beurre • 5 cl de vin blanc sec • 75 cl de bouillon de volaille • 1 dose de safran • 50 g de parmesan • sel, poivre

Réalisation

Enlevez le bout fibreux des asperges, faites-les cuire à l'eau bouillante salée pendant 10 minutes. Égouttez-les, coupez-les en tronçons en réservant les pointes. Épluchez et hachez l'oignon. Rincez le riz et faites chauffer le bouillon. Mettez l'huile d'olive à chauffer dans une sauteuse, faites revenir l'oignon pendant 5 minutes puis mettez le riz et faites cuire en mélangeant jusqu'à ce que les grains soient translucides. Arrosez de vin blanc, ajoutez le safran, laissez évaporer, puis versez une louche de bouillon. Lorsque le liquide est absorbé, remettez une louche et renouvelez jusqu'à ce que le riz soit cuit. Salez, poivrez,

incorporez les tronçons d'asperge, le beurre, le parmesan, mélangez et versez sur le plat de service. Déposez dessus les pointes d'asperge réservées. Servez immédiatement.

RISOTTO AUX POIREAUX ET AU CHÈVRE

4 pers. Préparation : 15 min Cuisson : 35 min

250 g de riz rond • 500 g de poireaux • 2 oignons • 3 cuil. à soupe d'huile d'olive • 75 cl de bouillon de légumes • 200 g de chèvre demi sec • 3 pincées de noix de muscade • sel, poivre

Réalisation

Lavez et émincez les poireaux en fine julienne. Faites-les cuire dans le bouillon de légumes pendant 10 minutes. Égouttez-les en gardant l'eau de cuisson. Épluchez et hachez les oignons. Coupez le chèvre en petits cubes. Rincez le riz et faites chauffer le bouillon. Mettez l'huile à chauffer dans une sauteuse, ajoutez le riz, faites cuire en mélangeant

jusqu'à ce que les grains soient translucides. Ajoutez une louche de bouillon chaud et poursuivez la cuisson jusqu'à absorption complète du liquide. Renouvelez l'opération. Lorsque le riz est cuit, salez, poivrez, ajoutez la noix de muscade, les poireaux et les dés de chèvre. Mélangez et versez dans un plat creux. Servez sans attendre.

RISOTTO AUX POIVRONS

4 pers. Prép. : 15 min Attente : 30 min Cuisson : 1 h

250 g de riz rond • 5 cl de vin blanc • 75 cl de bouillon de volaille • 2 oignons • 2 échalotes • 6 poivrons rouges • 3 cuil. à soupe d'huile d'olive • 30 g de beurre • 4 branches de persil plat • 50 g de parmesan râpé • sel, poivre

Réalisation

Lavez et essuyez les poivrons, placez-les sous le gril du four pendant environ 30 minutes en les retournant régulièrement. La peau doit être noire. Retirez-les, enfermez-les dans un sac en plastique et laissez-les reposer pendant

30 minutes.
Pendant ce temps, épluchez et hachez séparément les oignons et les échalotes. Pelez les poivrons, épépinez-les et coupez-les en lanières. Faites chauffer l'huile dans une poêle, mettez les échalotes et le poivron, salez, poivrez et laissez cuire à feu doux en mélangeant de temps en temps. Faites fondre le beurre dans une sauteuse, mettez à fondre les oignons pendant 5 minutes, puis versez le riz et mélangez sans cesse jusqu'à ce que les grains de riz soient transparents. Mouillez avec le vin blanc et laissez évaporer. Faites chauffer le bouillon, versez-en une louche sur le riz et laissez cuire en mélangeant. Ajoutez le bouillon au fur et à mesure qu'il est absorbé par le riz. Salez, poivrez. Versez le riz dans un plat creux, disposez au centre les poivrons, parsemez de feuilles de persil ciselées. Accompagnez de parmesan.

RISOTTO AUX RAISINS SECS

4 pers. Préparation : 10 min Cuisson : 20 min

250 g de riz rond • 2 oignons • 50 g de raisins secs • 75 cl de bouillon de volaille • 3 cuil. à soupe d'huile • 50 g de beurre • 1 bouquet de coriandre • sel, poivre

Réalisation

Faites tremper les raisins dans un bol d'eau chaude pendant 5 minutes, puis essorez-les. Épluchez et hachez les oignons. Rincez le riz et faites chauffer le bouillon. Mettez l'huile d'olive à chauffer dans une sauteuse, faites revenir l'oignon pendant 5 minutes, puis mettez le riz et faites cuire en mélangeant jusqu'à ce que les grains soient translucides. Ajoutez les raisins, puis versez une louche de bouillon et faites cuire sans cesser de mélanger. Lorsque le liquide est absorbé, remettez une louche et renouvelez jusqu'à ce que le riz soit cuit. Salez, poivrez et incorporez le beurre. Versez sur le plat de service et parsemez de coriandre ciselée.

Notre conseil : servez ce riz avec une volaille grillée ou un curry.

RISOTTO AUX SAINT-JACQUES ET AUX GIROLLES

4 pers. Préparation : 15 min Cuisson : 45 min

16 noix de Saint-Jacques • 3 échalotes • 1 gousse d'ail • 75 cl de bouillon de volaille • 250 g de riz sauvage • 250 g de girolles • 75 g de beurre • 4 brins de cerfeuil • sel, poivre

Réalisation

Lavez et épongez les girolles. Épluchez et hachez l'ail et les échalotes. Faites chauffer le bouillon. Faites fondre une noix de beurre dans une sauteuse, mettez le hachis d'ail et d'échalote à revenir et ajoutez les champignons. Laissez cuire pendant 5 minutes puis ajoutez le riz. Arrosez d'une louche de bouillon et laissez cuire jusqu'à absorption du liquide. Renouvelez l'opération. Lorsque le riz est cuit, salez, poivrez et incorporez 30 g de beurre. Mélangez et réservez au chaud. Épongez les

noix de Saint-Jacques. Faites fondre le reste du beurre dans une poêle, faites-les cuire pendant 2 minutes sur chaque face, salez, poivrez. Répartissez le risotto sur quatre assiettes et disposez dessus quelques noix de Saint-Jacques. Parsemez de pluches de cerfeuil et servez sans attendre.

RISOTTO AUX SCAMPI ET À LA CRÈME

4 pers. Préparation : 20 min Cuisson : 1 h

250 g de riz rond • 1 oignon • 24 langoustines • 10 cl de vin blanc sec • 25 cl de crème épaisse • 4 cuil. à soupe d'huile d'olive • 1 pincée de piment de Cayenne • sel, poivre

Réalisation

Faites bouillir 50 cl d'eau dans une casserole, salez, poivrez et jetez les langoustines. Faites-les cuire pendant 3 minutes à partir de la reprise de l'ébullition. Retirez les langoustines en conservant l'eau de cuisson, décortiquez-les en gardant les têtes et les carapaces.

Epluchez et hachez l'oignon. Faites chauffer 2 cuillerées à soupe d'huile dans une sauteuse, mettez les têtes et les carapaces, faites cuire pendant 3 minutes, puis salez, poivrez et ajoutez le piment, le vin blanc et enfin l'eau de cuisson des langoustines. Faites cuire pendant 30 minutes et filtrez ce fumet. Rincez le riz à l'eau chaude. Faites chauffer le reste d'huile dans une sauteuse, versez le riz, laissez cuire en mélangeant jusqu'à ce que les grains soient translucides, puis versez une louche de fumet de poisson. Faites cuire jusqu'à ce que le liquide soit absorbé, puis renouvelez l'opération. Lorsque le riz est cuit, salez, poivrez, incorporez la crème et enfin les langoustines. Versez sur le plat de service et servez très chaud.

RISOTTO AUX TOMATES À LA CRÈME DE GORGONZOLA

4 pers. Préparation : 15 min Cuisson : 25 min

250 g de riz rond • 1 oignon • 2 gousses d'ail • 3 tomates • 5 cl de vin blanc • 75 cl de bouillon de volaille • 3 cuil. à soupe d'huile d'olive • 200 g de gorgonzola • 10 cl de crème liquide • sel, poivre concassé

Réalisation

Épluchez et hachez l'oignon et l'ail. Pelez et épépinez les tomates, coupez-les en dés. Rincez le riz à l'eau chaude. Faites chauffer le bouillon. Faites chauffer l'huile dans une sauteuse, faites revenir le hachis d'ail et d'oignon, puis ajoutez les tomates et laissez cuire à feu doux pendant 10 minutes. Versez le riz, mélangez et laissez cuire jusqu'à ce que les grains deviennent translucides, versez le vin blanc et laissez-le évaporer puis arrosez avec une louche de bouillon. Mélangez et laissez cuire à feu doux puis, dès absorption du liquide, ajoutez le bouillon louche après louche. Coupez le gorgonzola en petits dés, faites-le

fondre dans la crème dans une casserole. Versez le risotto dans le plat de service, arrosez de sauce et parsemez de poivre concassé. Servez chaud.

RISOTTO BASQUAISE

4 pers. Préparation : 25 min Cuisson : 45 min

250 g de riz rond • 5 cl de vin blanc • 75 cl de bouillon de volaille • 2 poivrons rouges • 1 oignon • 150 g d'allumettes de lard fumé • 8 tranches de chorizo • 2 litres de moules • 4 cuil. à soupe d'huile d'olive • 1 dose de safran • sel, poivre

Réalisation

Pelez les poivrons, épépinez-les et coupez-les en lanières. Épluchez l'oignon et émincez-le. Faites chauffer 2 cuillerées à soupe d'huile dans une sauteuse, ajoutez l'oignon et le poivron et laissez-les fondre pendant 20 minutes, salez et poivrez. Faites revenir les lardons et les tranches de chorizo à sec dans une poêle à revêtement antiadhésif. Faites chauffer le reste d'huile dans une sauteuse, versez le riz

et laissez-le cuire pendant 5 minutes sans cesser de mélanger, jusqu'à ce que les graines soient translucides. Versez le vin blanc et laissez-le évaporer. Arrosez avec une louche de bouillon, poursuivez la cuisson à feu doux jusqu'à ce que le riz ait absorbé le bouillon, puis renouvelez l'opération pendant 15 à 20 minutes en incorporant le safran. Couvrez et réservez au chaud.

Nettoyez les moules, faites-les ouvrir à feu vif dans un verre d'eau salée. Décoquillez les moules en en gardant quelques unes avec leur coquille pour le décor. Versez le riz dans un plat creux, disposez dessus les légumes, les moules, les lardons et le chorizo.

RISOTTO DE CHAMPIGNONS ET DE JAMBON À LA BÉCHAMEL

4 pers. Préparation : 20 min Cuisson : 35 min

150 g de riz rond • 5 cl de vin blanc • 75 cl de bouillon de volaille • 150 g de champignons de Paris • 150 g de talon de jambon • 50 g de beurre • 2 cuil. à soupe d'huile • 2 cuil. à soupe de farine • 75 g de parmesan râpé • sel, poivre

Réalisation

Rincez le riz et faites chauffer le bouillon. Faites chauffer l'huile dans une sauteuse, versez le riz et laissez cuire en mélangeant jusqu'à ce que les grains de riz soient transparents. Versez le vin blanc et laissez-le évaporer, puis versez une louche de bouillon. Laissez cuire jusqu'à absorption par le riz et renouvelez l'opération pendant environ 20 minutes. Réservez au chaud. Lavez, essuyez, émincez les champignons, faites-les revenir avec 10 g de beurre dans une casserole pendant 10 minutes et laissez évaporer leur eau. Coupez le jambon en dés et réservez.

Faites fondre 40 g de beurre dans une casse-

role, saupoudrez de farine, mélangez, puis versez le reste de bouillon petit à petit en mélangeant bien au fouet. Salez, poivrez. Incorporez à la béchamel les champignons et le jambon. Versez le risotto dans un plat à gratin, étalez-le, recouvrez-le de béchamel, saupoudrez de parmesan et faites gratiner pendant 5 minutes environ sous le gril du four. Servez très chaud.

Notre conseil : vous pouvez remplacer le jambon par un reste de blancs de volaille.

RISOTTO DE PRINTEMPS

4 pers. Préparation : 15 min Cuisson : 35 min

250 g de riz rond • 5 cl de vin blanc sec • 75 cl de bouillon de volaille • 300 g de petits pois surgelés • 300 g d'asperges • 3 petits oignons nouveaux • 4 carottes nouvelles • 4 fonds d'artichaut surgelés • 4 cuil. à soupe d'huile d'olive • 40 g de beurre • sel, poivre

Réalisation

Épluchez les asperges, coupez les tiges en tron-

çons et réservez les pointes. Épluchez les oignons et émincez-les. Détaillez les fonds d'artichaut en lamelles. Pelez les carottes, coupez-les en fines rondelles. Rincez le riz. Versez l'huile d'olive dans une sauteuse, mettez les carottes, les oignons, les petits pois, les lamelles de fond d'artichaut, faites-les revenir pendant 5 minutes, puis ajoutez le riz. Laissez cuire jusqu'à ce que les graines deviennent translucides, puis arrosez de vin blanc. Laissez évaporer, puis arrosez de bouillon peu à peu par petites louches en mélangeant. Poursuivez la cuisson pendant 15 minutes puis incorporez les asperges. Lorsque le riz est cuit, ajoutez le beurre, salez, poivrez, mélangez délicatement, puis versez sur le plat de service. Servez chaud.

TOMATES FARCIES AU RISOTTO DE THON

4 pers. Préparation : 20 min Cuisson : 1 h

4 grosses tomates • 150 g de riz rond • 400 g de thon au naturel • 2 oignons • 2 gousses d'ail • 5 cl de vin blanc sec • 50 cl de bouillon de volaille • 75 g de parmesan râpé • 4 cuil. à soupe d'huile d'olive • sel, poivre

Réalisation

Lavez et essuyez les tomates, coupez-leur un chapeau et évidez-les avec une petite cuillère. Épépinez la chair retirée, écrasez-la à la fourchette avec le thon. Épluchez et hachez l'ail et l'oignon. Faites chauffer 2 cuillerées à soupe d'huile dans une sauteuse, faites revenir l'ail et les oignons pendant 5 minutes puis versez le riz. Mélangez et laissez cuire à feu doux jusqu'à ce que les grains deviennent translucides. Versez le vin blanc, laissez évaporer puis ajoutez une louche de bouillon et laissez cuire en mélangeant. Versez le bouillon au fur et à mesure de son absorption par le riz. Poursuivez la cuisson pendant 15 minutes, salez, poivrez,

ajoutez le thon mélangé à la tomate, le parmesan et mélangez. Préchauffez le four à 180 °C (th. 6). Farcissez les tomates avec ce risotto, déposez-les dans un plat à four, arrosez avec le reste d'huile d'olive et faites cuire pendant 40 minutes au four.

LES RIZ D'ACCOMPAGNEMENT

•

COURGETTES FARCIES AU RIZ, AUX HERBES ET AU PARMESAN

4 pers. Préparation : 10 min Cuisson : 40 min

4 courgettes rondes • 100 g de riz long • 1 bouquet de persil plat • 1 bouquet de ciboulette • 3 branches de basilic • 3 branches de coriandre • 50 g de pistaches nature concassées • 100 g de parmesan • 2 gousses d'ail • 6 cuil. à soupe d'huile d'olive • sel, poivre

Réalisation

Faites cuire le riz à l'eau bouillante salée pendant 10 minutes. Égouttez-le. Lavez les herbes. Épluchez l'ail. Hachez l'ail et les herbes avec un peu de sel et de poivre. Mélangez dans une terrine le riz cuit, le hachis d'herbes, les pistaches et le parmesan. Préchauffez le four à 210 °C (th. 7). Faites cuire les courgettes pendant 5 minutes à l'eau bouillante salée.

Rafraîchissez-les, coupez-leur un chapeau, retirez un peu de pulpe, ajoutez-la à la préparation. Farcissez les courgettes évidées, recouvrez-les de leur chapeau, mettez-les dans un plat à four, arrosez-les d'un peu d'huile d'olive et faites-les cuire pendant 30 minutes au four.

DARIOLES DE RIZ AUX CHAMPIGNONS

4 pers. Préparation : 15 min Cuisson : 45 min

250 g de riz sauvage • 400 g de champignons de Paris • 25 cl de crème • 1 cuil. à café de curry • sel, poivre

Réalisation

Faites cuire le riz à l'eau bouillante salée pendant 25 minutes. Égouttez-le. Lavez, essuyez, émincez les champignons. Faites fondre le beurre dans une poêle, faites revenir les champignons et prolongez la cuisson à feu doux jusqu'à évaporation de leur eau. Salez et poivrez. Préchauffez le four à 180 °C (th. 6).

Mélangez dans une terrine le riz, les champignons, la crème et le curry. Beurrez quatre moules à darioles, remplissez-les avec la préparation, faites réchauffer au four pendant 10 minutes et démoulez sur quatre assiettes.

Notre conseil : vous pouvez aussi faire réchauffer ce riz dans un moule à charlotte et le démouler sur un plat de service.

RIZ À LA SICILIENNE

4 pers. Préparation : 15 min Cuisson : 30 min

250 g de riz long • 10 cl de vin blanc • 1 oignon • 3 tomates • 3 citrons • 6 filets d'anchois au sel • 4 cuil. à soupe d'olives noires dénoyautées • 5 cuil. à soupe d'huile d'olive • 1 cuil. à café de moutarde • 1 cuil. à soupe de vinaigre blanc • 1 cuil. à café d'origan • sel, poivre

Réalisation

Faites cuire le riz dans de l'eau bouillante salée le temps indiqué sur le paquet. Égouttez-le. Épluchez et hachez l'oignon. Pelez et épépi-

nez les tomates, coupez-les en dés. Pressez les citrons. Pilez les anchois. Faites chauffer 2 cuillerées à soupe d'huile dans une poêle, faites revenir l'oignon, arrosez-le de vinaigre et laissez évaporer. Versez le vin blanc, la moutarde, le jus de citron, les anchois, le concentré de tomates, mélangez bien et réservez. Faites chauffer le reste d'huile dans une autre poêle, faites dorer les dés de tomate en les mélangeant pendant 2 minutes, ajoutez les olives et l'origan, salez peu, poivrez. Versez le riz dans un plat creux, nappez-le de sauce, puis recouvrez de tomates aux olives. Servez chaud ou tiède.

RIZ À LA TOMATE ET AUX ÉPICES

4 pers. Préparation : 10 min Cuisson : 20 min

250 g de riz long • 1 petite boîte de pulpe de tomate • 2 petits oignons • 2 cuil. à café de cinq-parfums • 4 cuil. à soupe de sauce de soja • 2 cuil. à soupe d'huile d'arachide • 1 bouquet de coriandre

Réalisation

Faites cuire le riz dans de l'eau bouillante très légèrement salée. Égouttez-le. Épluchez les oignons et hachez-les. Faites chauffer l'huile dans une sauteuse, faites revenir les oignons hachés et la pulpe de tomate. Saupoudrez de cinq-parfums. Ajoutez le riz, la sauce de soja, mélangez bien, prolongez la cuisson 2 minutes. Parsemez de coriandre ciselée.

RIZ AUX LENTILLES CORAIL ET À LA CORIANDRE SAUCE COCO

4 pers. Préparation : 10 min Cuisson : 20 min

150 g de riz basmati • 150 g de lentilles corail • 2 échalotes • 2 gousses d'ail • 2 cuil. à soupe d'huile d'arachide • 20 g de beurre • 2 yaourts nature • 10 cl de lait de coco • 1 pincée de piment de Cayenne • 1 bouquet de coriandre • sel, poivre

Réalisation

Épluchez les gousses d'ail et les échalotes, hachez-les. Rincez les lentilles et le riz. Faites chauffer l'huile et le beurre dans une sauteuse,

faites revenir le hachis d'ail et d'échalote, puis versez le riz. Mélangez et laissez cuire pendant 5 minutes, arrosez avec 60 cl d'eau, puis ajoutez les lentilles. Couvrez et laissez cuire pendant 10 minutes environ. Battez les yaourts avec le lait de coco, du sel, du poivre et le piment. Versez le riz et les lentilles sur le plat de service, parsemez de coriandre ciselée et accompagnez de sauce au coco.

RIZ CANTONAIS

4 pers. Préparation : 30 min Cuisson : 30 min

250 g de riz • 3 champignons noirs séchés • 1 talon de jambon cuit de 150 g • 100 g d'allumettes de lard demi-sel • 100 g de crevettes décortiquées • 2 œufs • 50 g de petits pois • 4 cuil. à soupe de sauce de soja • 4 cuil. à soupe d'huile d'arachide

Réalisation

Mettez les champignons noirs dans un grand bol, couvrez-les d'eau tiède et laissez-les se réhydrater pendant 15 minutes. Faites cuire le

riz dans de l'eau bouillante salée, égouttez-le. Coupez le talon de jambon en allumettes et les crevettes en petits morceaux. Battez les œufs en omelette. Faites chauffer 1 cuillerée d'huile dans une poêle ou un wok et faites cuire les œufs en omelette. Faites-la glisser sur une assiette et coupez-la en lanières. Plongez les petits pois dans une casserole d'eau bouillante salée, faites-les cuire pendant 3 minutes, égouttez-les. Essorez les champignons entre vos mains et coupez-les en dés. Versez 2 cuillerées à soupe d'huile dans une sauteuse, faites revenir les champignons pendant 5 minutes, ajoutez les allumettes de jambon, les lardons et les morceaux de crevette. Retirez, versez le reste d'huile et ajoutez le riz cuit.

Faites sauter pendant 5 minutes en remuant constamment, puis ajoutez les champignons, le jambon, les lardons, les crevettes, les lanières d'omelette et les petits pois. Arrosez de sauce de soja. Faites réchauffer pendant 5 minutes en mélangeant délicatement. Versez sur le plat de service.

RIZ DU CACHEMIRE

4 pers. Préparation : 10 min Cuisson : 20 min

400 g de riz basmati • 2 tomates • 4 cuil. à soupe d'amandes effilées • 4 cuil. à soupe de pistaches nature • 4 cuil. à soupe de raisins secs • 1 cuil. à soupe d'huile d'arachide • sel, poivre

Réalisation

Faites cuire le riz à l'eau bouillante salée le temps indiqué sur le paquet. Égouttez-le. Pelez et épépinez les tomates. Faites chauffer l'huile dans une poêle, faites revenir les tomates, salez, poivrez, ajoutez les amandes, les raisins, les pistaches et laissez cuire pendant 5 minutes. Versez le riz dans le plat de service, recouvrez de tomates aux fruits secs et servez sans attendre.

RIZ PILAF AUX ABRICOTS

4 pers. Préparation : 10 min Cuisson : 25 min

250 g de riz rond • 75 cl de bouillon de volaille • 1 oignon • 5 abricots secs • 60 g de beurre • 3 cuil. à soupe d'amandes effilées • 1/2 cuil. à café de cannelle • 1/2 cuil. à café de quatre-épices • 1/2 cuil. à café de sucre • sel, poivre

Réalisation

Mettez les abricots dans un saladier, arrosez-les d'eau chaude, laissez-les macérer. Faites fondre la moitié du beurre dans une sauteuse, mettez le riz, laissez cuire jusqu'à ce que les grains soient translucides. Arrosez d'une louche de bouillon, laissez absorber, puis renouvelez l'opération. Au bout de 20 minutes, salez, poivrez, ajoutez le sucre et les épices. Épluchez et hachez l'oignon, faites-le revenir dans le reste de beurre. Coupez les abricots en petits dés, ajoutez-les ainsi que les amandes. Versez-les dans la sauteuse, mélangez, réchauffez au besoin pendant 1 minute. Versez dans le plat de service et servez chaud.

Notre conseil : servez ce riz avec du poulet ou du porc au curry

RIZ PILAF AUX HERBES

4 pers. Préparation : 10 min Cuisson : 20 min

250 g de riz rond • 5 cl de vin blanc • 75 cl de bouillon • 2 cuil. à soupe d'huile d'olive • 20 g de beurre • 1 oignon • 4 cuil. à soupe de citron vert • 4 branches de menthe • 4 brins d'aneth • 4 branches de persil plat • 1 cuil. à café de cumin en poudre • sel, poivre

Réalisation

Épluchez et hachez l'oignon. Rincez le riz et faites chauffer le bouillon. Faites chauffer l'huile d'olive dans une sauteuse, faites revenir l'oignon pendant 5 minutes puis mettez le riz et faites cuire en mélangeant jusqu'à ce que les grains soient translucides. Arrosez de vin blanc, laissez évaporer, puis versez une louche de bouillon. Lorsque le liquide est absorbé, remettez une louche et renouvelez jusqu'à ce que le riz soit cuit. Salez, poivrez, puis incor-

porez alors le beurre. Ciselez finement les herbes, mettez-les dans un bol avec le jus de citron vert, le cumin et un peu de sel et de poivre. Arrosez le riz de sauce et laissez tiédir.

RIZ THAÏ AU LAIT DE COCO ET AUX LÉGUMES CROQUANTS

4 pers. Préparation : 10 min Cuisson : 15 min

250 g de riz thaï • 20 cl de lait de coco • 2 bulbes de fenouil • 8 carottes nouvelles • 1 botte d'asperges vertes • 2 cuil. à soupe de graines de sésame • sel, poivre

Réalisation

Faites cuire le riz à l'eau bouillante salée le temps indiqué sur le paquet, égouttez-le et maintenez-le au chaud. Émincez les bulbes de fenouil, pelez les carottes, coupez-les en julienne, coupez le bout fibreux des asperges. Versez le lait de coco dans une sauteuse, salez, poivrez et faites cuire les légumes pendant 5 minutes. Retirez-les avec une écumoire et faites réduire le lait de coco de moitié. Versez

le riz dans le plat de service, disposez dessus les légumes croquants, arrosez de lait de coco saupoudrez de graines de sésame que vous aurez fait griller à sec dans une poêle pendant 2 minutes. Servez sans attendre.

•

CRÈME BRÛLÉE AU RIZ

4 pers. Prép. : 15 min Cuisson : 1 h 10 min Réfrig. : 1 h

150 g de riz rond • 1 litre de lait • 60 g de sucre • 1 gousse de vanille • 20 cl de crème fleurette • 2 jaunes d'œufs • 4 cuil. à soupe de cassonade • sel

Réalisation

Rincez le riz. Faites bouillir le lait avec une pincée de sel et la gousse de vanille ouverte en deux pour libérer les graines. Jetez le riz en pluie, mélangez, couvrez, baissez le feu et laissez cuire pendant 40 minutes environ. Le riz doit être moelleux et avoir absorbé le lait. Retirez la gousse de vanille et incorporez le sucre. Préchauffez le four à 180 °C (th. 6). Battez les jaunes d'œufs avec la crème, mélangez au riz. Versez la préparation dans quatre ramequins à feu et faites cuire pendant 30 minutes. Laissez refroidir à température

ambiante, puis placez au réfrigérateur pendant 1 heure au minimum. Au moment de servir, saupoudrez le dessus des ramequins de cassonade et faites caraméliser sous le gril du four pendant 5 minutes.

GÂTEAU DE RIZ À LA VANILLE ET AU CARAMEL

4 pers. Préparation : 15 min Cuisson : 1 h

200 g de riz rond • 1 litre de lait • 2 œufs • 2 gousses de vanille • 200 g de sucre • sel

Réalisation

Rincez le riz. Faites-le cuire pendant 5 minutes dans de l'eau bouillante salée, puis égouttez-le. Faites bouillir le lait avec les gousses de vanille ouvertes en deux pour libérer les graines, versez le riz en pluie, couvrez, baissez le feu et laissez cuire pendant 30 minutes à feu très doux. Retirez les gousses de vanille, puis hors du feu, ajoutez les œufs battus et la moitié du sucre. Mélangez bien. Préchauffez le

four à 180 °C (th. 6). Mettez le reste de sucre dans un moule, arrosez de 4 cuillerées à soupe d'eau et faites caraméliser sur le feu. Versez le riz dans le moule et faites cuire au bain-marie au four pendant 25 minutes. Laissez refroidir avant de démouler sur un plat.

Notre conseil : vous pouvez accompagner ce dessert de crème anglaise.

GÂTEAU DE RIZ À LA VANILLE ET À L'ORANGE

4 pers. Préparation : 20 min Cuisson : 1 h 10 min

200 g de riz rond • 1,3 litre de lait • 100 g de sucre • 40 g de beurre + 20 g pour le moule • 4 œufs • 1 gousse de vanille • 1 orange non traitée • sel

Réalisation

Prélevez le zeste de l'orange avec un couteau économe. Rincez le riz et faites-le cuire pendant 5 minutes à l'eau bouillante salée, puis égouttez-le. Versez 1 litre de lait dans une

casserole, amenez-le à ébullition et mettez le riz ainsi que le zeste d'orange et la gousse de vanille ouverte en deux pour libérer les graines. Baissez le feu, couvrez et laissez cuire pendant 30 minutes en mélangeant de temps en temps. Retirez du feu, ôtez le zeste et la gousse de vanille puis ajoutez le sucre et le beurre, mélangez bien. Préchauffez le four à 150 °C (th. 5). Beurrez un plat à four. Faites tiédir le reste de lait. Battez les œufs en omelette dans une terrine, versez peu à peu le lait sur les œufs. Versez ensuite sur le riz en mélangeant. Mettez le riz dans le plat, laissez cuire 45 minutes. Laissez tiédir avant de déguster.

Notre conseil : accompagnez ce gâteau d'un coulis d'oranges, préparé en faisant réduire à feu doux le jus de 4 oranges avec 200 g de sucre, une cuillerée à soupe de cannelle et deux cuillerées à soupe de Grand Marnier.

GÂTEAU DE RIZ AUX FRUITS CONFITS

4 pers. Prép. : 15 min Macér. : 2 à 3 h Cuisson : 1 h 30 min

200 g de riz rond • 1 litre de lait • 300 g de sucre • 4 œufs • 4 cl de rhum • 200 g de fruits confits • 100 g de raisins secs • sel

Réalisation

Versez le rhum dans un bol, mettez les raisins, laissez-les macérer pendant plusieurs heures. Rincez le riz, faites-le cuire pendant 5 minutes à l'eau bouillante salée, puis égouttez-le. Faites bouillir le lait, versez le riz, mélangez, couvrez et laissez cuire pendant environ 40 minutes. Ajoutez 100 g de sucre, les fruits confits, les raisins et l'alcool de macération. Incorporez les œufs battus un par un en mélangeant bien entre chacun d'eux. Versez le reste de sucre dans un moule à cake, arrosez-le d'un verre d'eau et faites caraméliser sur le feu. Dès que le caramel blondit, arrêtez la cuisson et penchez le moule afin que le fond et les parois soient bien recouverts de caramel. Préchauffez

le four à 180 °C (th. 6). Versez le riz dans le moule et faites cuire au bain-marie pendant 40 minutes. Laissez refroidir. Servez tiède ou froid, nature ou avec une crème anglaise à la vanille.

GÂTEAU DE RIZ AUX NOISETTES ET COULIS D'ABRICOTS

4 pers. Préparation : 20 min Cuisson : 1 h

250 g de riz rond • 1 litre de lait • 100 g de noisettes concassées • 2 jaunes d'œufs • 1 boîte d'abricots au sirop • sel

Réalisation

Rincez le riz puis faites-le cuire dans de l'eau bouillante salée pendant 5 minutes. Égouttez-le.

Portez le lait à ébullition, versez le riz, mélangez, couvrez et laissez cuire pendant environ 40 minutes à feu doux en surveillant : le riz doit être tendre. Incorporez les noisettes concassées et les jaunes d'œufs. Versez le riz

dans un moule à savarin, faites cuire au bain-marie pendant 20 minutes. Laissez refroidir et démoulez le gâteau sur un plat. Égouttez les abricots, mixez-les et ajoutez un peu de sirop pour obtenir un coulis. Versez-le au centre du gâteau. Dégustez tiède ou froid.

Variante : remplacez le coulis d'abricots par des fruits rouges crus ou cuits.

GÂTEAU DE RIZ AUX POIRES

4 pers. Préparation : 20 min Cuisson : 1 h

200 g de riz rond • 3 poires • 125 g de sucre • 1 litre de lait • 20 g de beurre • 1 cuil. à café de cannelle • sel

Réalisation

Rincez le riz, faites-le cuire à l'eau bouillante salée pendant 5 minutes, puis égouttez-le. Faites bouillir le lait avec la cannelle. Versez le riz en pluie et faites cuire à feu doux pendant 30 minutes en mélangeant fréquemment. En fin de cuisson, ajoutez le sucre. Mélangez

bien. Épluchez les poires et coupez-les en lamelles. Préchauffez le four à 210 °C (th. 7). Beurrez un plat à four. Étalez dans le plat une couche de riz, recouvrez avec les lamelles de poire. Enfournez et laissez cuire 30 minutes. Laissez refroidir un peu et servez tiède.

Variantes : vous pouvez aussi réaliser ce dessert avec des pommes ou des abricots.

GÂTEAU DE RIZ AUX PRUNEAUX

4 pers. Préparation : 15 min Cuisson : 1 h 10 min

200 g de riz rond • 1 litre de lait • 1 gousse de vanille • 12 pruneaux dénoyautés • 1 sachet de thé • 2 œufs • 100 g de sucre • sel

Réalisation

Préparez un thé fort dans un grand bol, mettez les pruneaux et laissez-les macérer pendant 1 heure. Rincez le riz et faites-le cuire pendant 5 minutes dans de l'eau bouillante salée. Égouttez-le. Faites bouillir le lait avec

la gousse de vanille ouverte en deux et une pincée de sel. Versez le riz, mélangez, couvrez et laissez cuire pendant 40 minutes. Incorporez au riz cuit le sucre et les œufs battus. Préchauffez le four à 180 °C (th. 6). Beurrez un moule à charlotte. Versez une couche de riz dans le fond du moule, recouvrez de pruneaux essorés, recouvrez de riz et renouvelez l'opération jusqu'à épuisement des ingrédients. Faites cuire au bain marie pendant 30 minutes. Démoulez et laissez refroidir.

Notre conseil : accompagnez ce gâteau d'une crème anglaise, préparée en battant 4 jaunes d'œufs avec 125 g de sucre puis avec 50 cl de lait chaud et en faisant épaissir cette préparation à feu doux.

GÂTEAU DE RIZ AUX RAISINS ET AU CARAMEL

4 pers. Préparation : 20 min Cuisson : 45 min

200 g de riz rond • 250 g de sucre • 1 litre de lait • 4 œufs • 1 sachet de sucre vanillé • 75 g de raisins de Corinthe • sel

Réalisation

Faites tremper les raisins dans un bol d'eau chaude. Rincez le riz, faites-le cuire pendant 5 minutes dans de l'eau bouillante salée, puis égouttez-le. Faites bouillir le lait, versez le riz, faites-le cuire pendant 30 minutes, puis incorporez 50 g de sucre. Battez les œufs, ajoutez-les au riz et mélangez bien. Pressez les raisins afin d'en extraire l'eau et incorporez-les au riz. Préchauffez le four à 180 °C (th. 6). Versez le reste de sucre dans un moule à manqué et humectez avec 3 cuillerées à soupe d'eau. Faites chauffer jusqu'à obtention d'un caramel blond en inclinant le moule de tous côtés pour que la caramel en nappe le fond et les parois. Versez le riz dans le moule. Faites cuire pendant 30 minutes. Démoulez sur un plat rond.

Servez tiède ou froid.

Notre conseil : vous pouvez ajouter à ce gâteau des fruits confits coupés en morceaux.

GÂTEAU DE RIZ CRÉOLE

4 pers. Préparation : 10 min Cuisson : 55 min

200 g de riz rond • 1 litre de lait • 80 g de sucre • 30 g de cassonade • 1 gousse de vanille • 2 jaunes d'œufs • 1 grande boîte d'ananas au sirop en morceaux • sel

Réalisation

Rincez le riz, faites-le cuire pendant 5 minutes dans de l'eau bouillante salée, puis égouttez-le. Faites bouillir le lait avec la gousse de vanille ouverte en deux, versez le riz, mélangez, couvrez et laissez cuire pendant 40 minutes à feu doux. Retirez la gousse de vanille et incorporez le sucre, les jaunes d'œufs et les morceaux d'ananas. Versez la préparation dans un plat à four ou dans quatre ramequins, saupoudrez de cassonade et passez sous le gril pendant

5 minutes pour faire dorer le gâteau. Servez tiède ou froid.

GÂTEAU DE RIZ CARAMÉLISÉ À L'ORANGE

4 pers. Préparation : 20 min Cuisson : 1 h

200 g de riz rond • 1 litre de lait • 3 œufs • 1 gousse de vanille • 100 g de sucre • 1 orange non traitée • sel

Réalisation

Mettez la moitié du sucre dans un moule à charlotte, arrosez de 4 cuillerées à soupe d'eau et posez sur le feu pour obtenir un caramel blond. Inclinez le moule pour que les parois soient bien recouvertes de caramel. Rincez le riz, faites-le cuire à l'eau bouillante salée pendant 5 minutes, puis égouttez-le. Faites bouillir le lait avec la gousse de vanille ouverte en deux pour libérer les graines. Ajoutez le riz, mélangez, couvrez et laissez cuire pendant 30 minutes. Prélevez le zeste de l'orange avec un couteau économe et râpez-le. Cassez les

œufs en séparant les blancs des jaunes. Préchauffez le four à 180 °C (th. 6). Incorporez au riz cuit les jaunes d'œufs, les zestes d'orange et le reste de sucre. Battez les blancs en neige ferme avec une pincée de sucre, incorporez-les délicatement. Versez le riz dans le moule, faites cuire au bain-marie pendant 30 minutes. Laissez refroidir.

Notre conseil : dégustez avec un coulis d'oranges.

GÂTEAU DE RIZ CROQUANT AUX QUETSCHES

4 pers. Préparation : 15 min Cuisson : 50 min

150 g de riz rond • 1 litre de lait • 100 g de sucre • 8 quetsches • 2 œufs • 2 cuil. à soupe de crème • 2 cuil. à soupe de sucre cristallisé • 1 gousse de vanille • sel

Réalisation

Rincez le riz, faites-le cuire pendant 5 minutes dans de l'eau bouillante salée, puis égouttez-le. Versez le lait dans une casserole, ajoutez

la gousse de vanille ouverte en deux afin de libérer les graines. Portez à ébullition puis versez le riz en pluie et baissez le feu. Couvrez et laissez cuire à feu doux pendant 35 à 40 minutes. Le riz doit avoir absorbé le lait et être fondant. Retirez la gousse de vanille. Coupez les quetsches en petits morceaux. Battez les œufs avec la crème. Préchauffez le four à 180 °C (th. 6). Incorporez au riz cuit le sucre, les œufs et les morceaux de quetsche. Versez dans un plat à gratin, saupoudrez de sucre cristallisé, faites cuire pendant 20 minutes et passez sous le gril 5 minutes pour caraméliser le dessus du gâteau. Laissez tiédir avant de servir.

Variantes : remplacez les quetsches par des abricots, des cerises, des pêches, des prunes, des poires, des pommes…

GRATIN DE RIZ AU LAIT AUX NOISETTES

4 pers. Préparation : 10 min Cuisson : 50 min

200 g de riz rond • 1 litre de lait • 50 g de sucre • 20 g de beurre • 4 cuil. à soupe de cassonade • 4 cuil. à soupe de noisettes concassées • sel

Réalisation

Rincez le riz, faites-le cuire pendant 5 minutes dans de l'eau bouillante salée, puis égouttez-le. Faites bouillir le lait. Jetez le riz en pluie, baissez le feu, couvrez et laissez cuire pendant 40 minutes. Incorporez le sucre. Préchauffez le four en position gril. Beurrez quatre ramequins. Répartissez le riz au lait dans les ramequins. Mélangez la cassonade et les noisettes concassées, saupoudrez-en les ramequins. Passez sous le gril 3 à 5 minutes pour que le dessus soit doré et craquant. Servez tiède.

RIZ AU CHOCOLAT

4 pers. Préparation : 5 min Cuisson : 45 min

250 g de riz rond • 1 litre de lait • 50 g de sucre • 50 g de cacao • sel

Réalisation

Rincez le riz, faites-le cuire pendant 5 minutes dans de l'eau bouillante salée, puis égouttez-le. Faites bouillir le lait avec le cacao, versez le riz, mélangez, couvrez et laissez cuire pendant 45 minutes. Incorporez le sucre. Répartissez le riz au chocolat dans quatre ramequins, saupoudrez d'un peu de cacao avant de servir.

RIZ AU LAIT À LA ROSE ET AUX VIOLETTES

4 pers. Préparation : 5 min Cuisson : 35 min

200 g de riz rond • 1 litre de lait • 100 g de sucre • 2 cuil. à soupe d'eau de rose • 8 violettes au sucre • sel

Réalisation

Rincez le riz, faites-le cuire pendant 5 minutes dans de l'eau bouillante salée, puis égouttez-le. Faites bouillir le lait, versez le riz en pluie, mélangez et couvrez. Baissez le feu et laissez cuire pendant 40 minutes. Hors du feu, incorporez le sucre et l'eau de rose. Versez le riz au lait dans quatre ramequins, décorez de violettes. Servez tiède ou très frais.

Variante : remplacez l'eau de rose par de l'eau de fleur d'oranger et décorez de zestes d'orange confite.

RIZ AUX AGRUMES ET AUX ÉPICES

4 pers. Préparation : 20 min Cuisson : 45 min

150 g de riz rond • 1 litre de lait • 100 g de sucre • 25 cl de crème liquide • 2 oranges non traitées • 2 clémentines • 2 pomelos • 1 citron • 1 citron vert non traité • 15 cl de sirop de canne • 1 cuil. à café de cannelle en poudre • 1 gousse de vanille • sel

Réalisation

Prélevez le zeste du citron vert et d'une orange avec un couteau économe et râpez-les. Pressez le citron. Épluchez à vif les clémentines, les pomelos et l'orange restante au-dessus d'une casserole pour recueillir le jus de la découpe. Prélevez les quartiers des agrumes en enlevant la peau blanche. Ajoutez au jus des fruits le sirop de canne, la cannelle, le jus de citron vert, la gousse de vanille ouverte en deux, les zestes râpés et portez à ébullition. Laissez réduire un peu, retirez la gousse, versez sur les quartiers de fruits et réservez. Rincez le riz, faites-le cuire pendant 5 minutes dans de l'eau bouillante salée, puis égouttez-le. Faites bouillir le lait, versez le riz, couvrez et laissez cuire à feu doux pendant 40 minutes. Ajoutez le sucre et laissez refroidir. Fouettez la crème liquide en chantilly et incorporez-la au riz cuit. Laissez refroidir. Prélevez des quenelles de riz avec deux cuillères, déposez-les sur quatre assiettes, entourez de quartiers de fruits au sirop.

RIZ COCO MANGUE

4 pers. Préparation : 15 min Cuisson : 40 min

200 g de riz rond • 50 cl de lait de coco (2 briquettes) • 100 g de sucre • 2 mangues • 1 gousse de vanille • 20 g de beurre • sel

Réalisation

Rincez le riz, faites-le cuire pendant 5 minutes dans de l'eau bouillante salée, puis égouttez-le. Faites bouillir le lait de coco avec la gousse de vanille ouverte en deux pour en libérer les graines. Versez le riz en pluie, couvrez et laissez cuire à feu doux pendant 30 minutes. Retirez la gousse de vanille, incorporez le sucre, mélangez, versez dans quatre coupes ou quatre verres et laissez refroidir. Pelez les mangues et coupez-les en lamelles. Au moment de servir, faites fondre le beurre dans une poêle, faites dorer les lamelles de mangue en les retournant délicatement. Déposez les lamelles de mangue chaudes sur chaque coupe. Servez sans attendre.

RIZ IMPÉRATRICE

4 pers. Préparation : 30 min Cuisson : 55 min

Riz au lait : 150 g de riz rond • 1 gousse de vanille • 75 cl de lait • 50 g de sucre
Crème fouettée : 40 cl de crème fraîche liquide • 1 sachet de sucre vanillé
Crème anglaise : 125 g de sucre • 4 œufs • 1 cuil. à café d'extrait de vanille • 50 cl de lait • 2 feuilles de gélatine

Réalisation

Rincez le riz à l'eau chaude. Faites bouillir le lait avec la gousse de vanille ouverte en deux dans le sens de la longueur. Versez le riz, couvrez et laissez cuire pendant 45 minutes. Retirez la gousse de vanille, ajoutez 50 g de sucre et mélangez.

Pendant la cuisson du riz, préparez la crème anglaise : faites bouillir le lait. Cassez les œufs en séparant les jaunes des blancs que vous garderez pour une autre préparation. Mettez les jaunes dans une terrine avec le sucre et l'extrait de vanille et mélangez énergiquement jusqu'à ce que le mélange blanchisse. Délayez

avec le lait chaud en le versant petit à petit. Transvasez dans une casserole et faites prendre à très petit feu sans cesser de remuer. La crème doit napper la cuiller. Faites ramollir les feuilles de gélatine dans un bol d'eau froide, puis égouttez-les et faites-les dissoudre dans la crème anglaise chaude. Mélangez bien puis incorporez cette crème au riz.
Fouettez la crème fraîche liquide au fouet avec le sucre vanillé et incorporez-la au riz. Versez-le dans un moule à charlotte, laissez refroidir à température ambiante puis placez au réfrigérateur. Servez avec de la gelée de groseilles.

TRIFLE DE RIZ AUX ABRICOTS

4 pers. Préparation : 20 min Cuisson : 55 min

200 g de riz rond • 1 litre de lait • 200 g de sucre • 1 kg d'abricots • 1 gousse de vanille • sel

Réalisation

Rincez le riz, faites-le cuire pendant 5 minutes dans de l'eau bouillante salée, puis égouttez-

le. Faites bouillir le lait avec la gousse de vanille ouverte en deux dans le sens de la longueur. Versez le riz, couvrez et laissez cuire pendant 40 minutes. Retirez la gousse de vanille, ajoutez 100 g de sucre et mélangez. Ouvrez les abricots, enlevez les noyaux et coupez la chair en lamelles. Faites bouillir 10 cl d'eau avec le reste de sucre, faites pocher les lamelles d'abricot dans ce sirop pendant 10 minutes. Égouttez-les. Versez dans quatre coupes ou quatre verres une couche de riz au lait, recouvrez de lamelles d'abricot, puis de riz. Arrosez de sirop et mettez au frais en attendant de servir.

TRIFLE DE RIZ AUX GRIOTTES CARAMÉLISÉES

4 pers. Préparation : 15 min Cuisson : 45 min

200 g de riz rond • 1 litre de lait • 100 g de sucre • 1 bocal de griottes au naturel • 4 cuil. à soupe de sucre cristallisé • 1 gousse de vanille • sel

Réalisation

Rincez le riz, faites-le cuire pendant 5 minutes dans de l'eau bouillante salée, puis égouttez-le. Versez le lait dans une casserole, ajoutez la gousse de vanille ouverte en deux afin de libérer les graines et une pincée de sel. Portez à ébullition puis versez le riz en pluie et baissez le feu. Couvrez et laissez cuire à feu doux pendant 35 à 40 minutes. Le riz doit avoir absorbé le lait et être fondant. Retirez la gousse de vanille, ajoutez le sucre et mélangez bien. Laissez refroidir. Faites fondre le beurre dans une poêle, faites revenir les griottes, saupoudrez-les de sucre cristallisé et faites caraméliser. Répartissez le riz dans quatre verres, disposez dessus les griottes toutes chaudes.

TRIFLE DE RIZ AUX PÊCHES

4 pers. Préparation : 15 min Cuisson : 55 min

200 g de riz rond • 1 litre de lait • 1 gousse de vanille • 150 g de sucre • 4 pêches • 10 cl de crème fleurette • sel

Réalisation

Rincez le riz, faites-le cuire pendant 5 minutes dans de l'eau bouillante salée, puis égouttez-le. Faites bouillir le lait avec la gousse de vanille coupée en deux dans sa longueur pour libérer les graines. Versez le riz dans le lait bouillant, mélangez, couvrez et laissez cuire à feu doux pendant 40 minutes environ. Retirez la gousse de vanille, ajoutez 100 g de sucre, mélangez et réservez. Pelez les pêches, coupez-les en deux, ôtez le noyau. Faites bouillir 10 cl d'eau avec les 50 g de sucre restants, mettez les demi-pêches et faites-les cuire pendant 10 minutes. Égouttez-les, laissez-les tiédir, puis coupez-les en lamelles. Battez la crème fleurette au fouet pour obtenir une chantilly, incorporez-la au riz. Répartissez le riz dans quatre coupes ou dans quatre verres, déposez dessus en rosace des lamelles de pêche. Servez frais.

TRIFLE DE RIZ AUX PRUNEAUX ET AUX AMANDES

4 pers. Prép. : 15 min Attente : 30 min Cuisson : 45 min

200 g de riz rond • 1 litre de lait • 150 g de sucre • 250 g de pruneaux dénoyautés • 1 sachet de thé • 4 cuil. à soupe d'amandes effilées • 1 gousse de vanille • sel

Réalisation

Préparez un thé fort dans un saladier, faites tremper les pruneaux pendant 30 minutes. Rincez le riz, faites-le cuire pendant 5 minutes dans de l'eau bouillante salée, puis égouttez-le. Versez le lait dans une casserole, ajoutez la gousse de vanille ouverte en deux afin de libérer les graines et une pincée de sel. Portez à ébullition puis versez le riz en pluie et baissez le feu. Couvrez et laissez cuire à feu doux pendant 35 à 40 minutes. Le riz doit avoir absorbé le lait et être fondant. Retirez la gousse de vanille, ajoutez 100 g de sucre en poudre, mélangez bien. Laissez refroidir. Égouttez les pruneaux, coupez-les en morceaux, mettez-les dans une casserole avec le reste de sucre

et deux verres d'eau. Laissez cuire à feu très doux pendant 20 minutes. Faites griller les amandes effilées à sec dans une poêle. Déposez alternativement dans quatre verres une couche de riz froid, une couche de compote de pruneaux tiède ou chaude. Parsemez d'amandes effilées.

VERRINES DE RIZ AUX POMMES

4 pers. Préparation : 10 min Cuisson : 45 min

4 pommes • 200 g de riz rond • 1 litre de lait • 50 g de sucre • 1 sachet de sucre vanillé • 1 cuil. à café de cannelle • 4 cuil. à café de sucre en grains • sel

Réalisation

Rincez le riz, faites-le cuire pendant 5 minutes dans de l'eau bouillante salée, puis égouttez-le. Faites bouillir le lait. Jetez-y le riz en pluie, baissez le feu, couvrez et laissez cuire 30 minutes. Incorporez le sucre en fin de cuisson. Laissez refroidir. Pendant ce temps, épluchez les pommes, coupez-les en petits morceaux,

faites-les cuire pendant 15 minutes dans une casserole avec un peu d'eau, la cannelle et le sucre vanillé. Mixez pour obtenir une compote. Laissez refroidir. Déposez dans quatre verres une couche de riz, recouvrez d'une couche de compote et renouvelez l'opération jusqu'à épuisement des ingrédients. Saupoudrez de sucre en grains. Servez frais.

VERRINES DE RIZ À LA CRÈME DE MARRONS

4 pers. Préparation : 10 min Cuisson : 30 min

1 boîte de crème de marrons • 200 g de riz rond • 1 litre de lait • 50 g de sucre • 1 sachet de sucre vanillé • sel

Réalisation

Rincez le riz, faites-le cuire pendant 5 minutes dans de l'eau bouillante salée, puis égouttez-le. Faites bouillir le lait. Jetez-y le riz en pluie, baissez le feu, couvrez et laissez cuire 30 minutes. Incorporez le sucre et le sucre vanillé en fin de cuisson. Laissez refroidir, puis

répartissez dans quatre verres. Recouvrez le riz de crème de marrons avec une poche à douille. Servez frais.

VERRINES DE RIZ AUX FRUITS SECS ET AU YAOURT

4 pers. Préparation : 10 min Cuisson : 30 min

50 g de raisins secs • 50 g d'abricots secs • 200 g de riz rond • 1 litre de lait • 50 g de sucre • 1 sachet de sucre vanillé • 4 yaourts veloutés • 4 feuilles de menthe • sel

Réalisation

Rincez le riz, faites-le cuire pendant 5 minutes dans de l'eau bouillante salée, puis égouttez-le. Faites bouillir le lait. Jetez-y le riz en pluie, baissez le feu, couvrez et laissez cuire 30 minutes. Incorporez le sucre et le sucre vanillé en fin de cuisson. Laissez refroidir. Coupez les abricots en petits dés, incorporez-les au riz ainsi que les raisins. Répartissez le riz aux fruits dans quatre verres, recouvrez de yaourt et décorez d'une feuille de menthe. Servez frais.

Index des recettes

Les entrées et les salades de riz

Les plats complets

Les risottos

Les riz d'accompagnement

Les douceurs

VOUS AVEZ AIMÉ CE LIVRE ?

Vous trouverez également dans la même collection :

LES TITRES CUISINE

• Recettes express • Tartes salées sucrées • Pâtes• Recettes éco • Tartines et sandwichs • Crêpes salées et sucrées • Crumbles • Soupes • Recettes pour débutants • Recettes aux œufs • Barbecue • Tartares et carpaccios • Wok • Quiches, tartes et tatins • Gratins • Fêtes et fiestas • Tout chocolat • Cakes salés et sucrés • Recettes pour deux • Desserts simplissimes • Recettes végétariennes • Recettes provençales • Recettes du Pays basque • Recettes d'Italie • Recettes du Maroc • Recettes juives • Salades express • Desserts aux fruits • Confitures, gelées et marmelades • Brochettes et barbecues • Recettes de grands-mères •Recettes d'Espagne • Recettes d'Asie • Recettes du congélo • Recettes alsaciennes • Recettes lyonnaises • Dîners à thèmes • Petits et grands gâteaux • Hachis et farcis • Assiettes gourmandes • Cookies, muffins & Co • Fondues, raclettes & pierrades • Goûters d'enfant • Pains et brioches • Plats mijotés • Recettes solo

LES TITRES CUISINE/SANTÉ

• Recettes minceur tome 4 • Salades minceur • Recettes pour bébé • Recettes pour diabétiques• Recette Oméga 3 • Recettes vapeur et minceur• Menus minceur • Minceur 2005• Recettes minceur épices et aromates • Menus minceur tome 2 • Recettes anti-âge • Recettes anti-cholestérol • Tout cru ! • Soupes santé et minceur • Menus pour futures mamans • Desserts minceur • Recettes minceur d'ici et d'ailleurs • Les meilleures recettes du régime crétois

Pour être informé en permanence sur notre catalogue et les dernières nouveautés publiées dans cette collection, consultez notre site Internet www.efirst.com